U0671459

淮安運河村戰國墓

淮安市博物馆　编著

文物出版社

责任编辑：李　东　冯冬梅
责任印制：张道奇
封面设计：宋文敬　欧　敏

图书在版编目(CIP)数据

淮安运河村战国墓/ 淮安市博物馆著.—北京：
文物出版社，2011.7
ISBN 978-7-5010-3207-5

Ⅰ.①淮… Ⅱ.①淮…Ⅲ.①战国墓-考古发现-淮
安市 Ⅳ.①K878.84
中国版本图书馆CIP数据核字(2011)第130964号

淮安运河村战国墓

淮安市博物馆　编著

文物出版社出版发行
北京市东直门内北小街2号楼
http://www.wenwu.com
E-mail:web@wenwu.com
河北华艺彩印有限责任公司制版印刷
新华书店经销
889×1194　1/16　印张：9.75
2011年7月第1版　第1次印刷
ISBN 978-7-5010-3207-5
定价：230.00元

《淮安运河村战国墓》编委会

编委会主任：杨 斌

编委会副主任：刘华庭 李 倩

主　　　编：孙玉军

副 主 编：王 剑 王国恒 陈永贤 朱宏亮 董记

执 行 主 编：孙玉军 王 剑 尹增淮 陈永贤 朱宏亮
　　　　　　赵海涛 胡 兵

撰　　　稿：尹增淮 赵海涛 孙玉军 王 剑 陈永贤
　　　　　　朱宏亮 胡 兵

编委（按姓氏笔画为序）：

王国恒 王 剑 尹增淮 韦 清 孙玉军 朱宏亮 包立山

祁小东 刘光亮 谷 玲 吴 雪 李艳梅 张春宇 刘振永

陈永贤 胡 兵 赵海涛 董 记

摄　　　影：张 冉

封 面 题 字：戚庆隆

编　　　辑：尹增淮 赵海涛

目 录

前　言

　　淮安在战国时期因邗沟的开凿而逐渐兴盛起来,地处淮泗交汇的泗口,遂为吴越北上、楚国东渐的兵家要津。在这250多年的历史演进中,淮、泗夷本埠政权被外强大国兼并更替,强国的政治边邑与军事边防相继在此设立,促进了淮安城市的兴起和发展,成为淮泗水下游地区的经济和文化中心。根据考古发现,当时淮安的辖境范围应该是北据泗口,西控长淮,东近黄海,南出邗沟。

　　在淮安市区西南郊一带,至今保存的战国重要文物埋藏区有两处。一处是淮阴区码头镇甘罗城遗址。该城邑北临淮水,扼淮泗之襟喉。遗址平面为椭圆形,四周筑有城垣,南北长560米、东西中宽320米,面积约18万平方米。此处为春秋至汉唐时期的城池遗址,是淮安城市的发祥地。早在秦建淮阴县治前,吴、越、楚等强国的行署与官邸先后设建于此。这个城址的历史遗迹非常丰富,具有十分重要的考古价值。另一处是以清浦区城南乡韩母墓为中心的战国贵族墓葬埋藏区。这片古墓埋藏区分布很广,大致可以圈定在淮阴区码头镇以东、清浦区里运河以南、城南乡以西、武墩乡以北区域内。其境内地势高敞,垄岗纵横,土墩众多,地下古墓埋藏丰富。清乾隆《清河县志》将此域誉为"星墩环列"的古淮阴十景之一。据考古勘探与发掘资料可以确认,这批高墩多属于战国时期的贵族大墓,墓主人生前应当是驻守在甘罗城治所内的达官显贵。上述的两处重要文物埋藏区是淮安先秦历史的宝贵遗存,其文物考古价值可以从已经发掘的高庄战国墓与运河村战国墓彰显出来。

　　高庄战国墓发掘于1978年,是淮安市区发掘的第一座先秦贵族大墓。墓地位于清浦区城南乡韩母墓西南800米。该墓共出土各类文物291件,其中有青铜器176件,陶瓷器37件,玉石器9件,骨角器59件,铅纺轮4件,木陀罗器6件,是迄今为止江苏境内出土青铜器最丰富的先秦大墓。这批青铜器含礼器、乐器、兵器、车马器、工具和生活用器等。在出土的随葬器物中有112件器物被定为珍贵文物,其中国家一级文物52件,二级文物14件,三级文物46件。尤以原始瓷器、刻纹铜器、车舆铜饰件最富特色,不少器物为全国所罕见。淮安市博物馆历数十年的研究与保护,取得丰硕成果。于2009年编纂《淮阴高庄战国墓》一书,是淮安市第一本考古发掘专著,为研究淮安及苏北地区先秦历史与考古学文化提供了重要的资料。

　　运河村战国墓发掘于2004年,是淮安市区继高庄战国墓之后发现的又一座东周贵族大墓。该墓地处清浦区清安乡运河村,位于京杭大运河北岸,与运河南面的韩母墓相距约3公里。该墓早期严重被盗,主椁室与外藏椁内的珍贵随葬品洗劫一空,所余遗物130余件,以马车木构件为主,主要出土于外藏椁东室内,有26件器物属于珍贵文物,其中国家一级文物20件,二级文物1件,三级文物5件。此墓虽然惨遭盗掘,出土文物较少,远不如高庄战国墓青铜器丰富,但出土一批精美绝伦的漆木构件。作为一座大型的贵族墓葬,仍具有重要的历史价值与文物价值。其发掘的主要收获归纳有以下五个方面。

一、墓葬形制结构奇特,棺椁葬具保存完整

运河村战国墓系"甲"字形大型土坑木椁墓,墓主人身份为大夫一级官吏。墓室由主椁室、外藏椁及一个陪葬坑组成。墓坑东侧有一条斜长的墓道,墓坑之上堆筑有高大的坟冢。主椁室为三椁一棺结构,外藏椁为一层双室结构。墓室内安葬大小独木棺4具,形制古拙,具有典型的地域文化特征。所有棺椁保存完整,使用建筑木材约75立方米,大部分椁板为昂贵的金丝楠木材料,是淮安境内迄今发现等级最高的战国墓,也是江苏地区发现的规模最大、结构最为奇特的先秦墓葬,为研究古代墓葬制度提供了重要例证。

二、墓葬内发现有殉人与殉牲现象

此墓共清理人骨12具,除墓主遗骸外,其余11具个体均为殉葬者。所有殉人的头骨与主要肢骨保存基本完整,未被扰乱,除一驭车青年男子外,其余皆为青壮年女性。根据殉人的安葬位置及有无葬具,大致可以分辨出各自的地位与身份。据考古资料,在鲁南、苏北地区发掘的东周贵族墓葬多有殉人,在相邻的高庄墓中也发现13个殉人。这类殉人现象说明在进入战国时代后,奴隶制残余依然存在,也证明了位于淮泗交汇地区的淮安,直至战国中期仍沿袭着夷人丧葬制度的殉人风俗。该墓的人骨架全部采集,这不仅作为古代社会殉人制度的历史见证,同时也为淮安先秦族属研究提供可靠的人种学资料。此外,在外藏椁西室与陪葬坑内发现牛、羊、猪的肢骨,均不见头骨与牙齿,或许这些家畜的头部在治丧礼仪时已被割取,摆在供桌上以示祭奠。牛、羊、猪古代称"三牲"。《礼记·祭统》载:"三牲之俎。"因此,该墓发现的动物骨骼正符合古代传统的"三牲"陪葬礼俗。

三、墓室出土一辆实用木雕鼓车

该墓的重大发现是在外藏椁内随葬了一辆完整的木制马车,为迄今先秦考古所仅见。大多数木质构件都外形规整,纹饰清晰。轮、轴、辀、衡、轸、轮、厢板、建鼓等主要部件保存较好,且有一定数量的青铜饰件、骨雕饰件、漆绘饰件。大部分车厢板都雕刻精美的蟠螭纹与云纹。从整体形制看,此车装饰华丽,制作精巧别致,表明了墓主人有显赫的地位。据出土的车辀、建鼓、雕板等组合形制考证,此车为一辆实用木雕鼓车,是墓主人指挥作战所乘之车,也是外出礼仪身份的象征。根据实物保存情况,这辆木雕鼓车的整体形制可以复原,为研究古代车制、古代科技、古代雕刻艺术等提供了珍贵的实物资料。

四、主椁室出土两副编钟木架

该墓主椁室回廊中随葬两副悬挂钟磬乐器的支架,编钟与编磬被盗取殆尽,木架幸存。木架形制结构完整,木质未朽,完全可复原。木架分上、下两层,上层横木下方有九个贯穿的圆孔。左右两根支柱呈长方体,底座为平顶半球形。整个木架长2.24、通高1.08米。木架上下均雕刻蟠螭纹。据古籍记载,编钟支架的横梁为筍,立柱为虡。木架上装饰蟠螭纹在《考工记·梓人为筍虡》中就有记载:"赢者,羽者,鳞者以为筍虡。"根据编钟木架套数,可以考证墓主人的身份,如《周礼·春官·小胥》记载:"正乐悬之位:王宫悬,诸侯轩悬,卿大夫判悬,士特悬。"据此,运河村战国墓墓主的身份应在卿大夫之列。因此,做好运河村战国墓编钟支架的保护与修复工作,对研究古代统治阶级礼乐制度具有十分重要的意义。

五、墓葬出土鬲、豆、罐、盂(钵)组合陶器

众所周知,陶器类型学分析在考古断代方面具有首要的作用。运河村战国墓随葬陶器虽然多已破碎,但大部分器物可以修复。出土器物以鬲、豆、罐、盂组合陶器为主,具有典型的时代特征与区域特征,为考证墓葬的年代与国别提供了历史佐证。

运河村战国墓考古发掘在南京博物院的指导下,严格遵守《田野考古工作规程》,坚持科学性发掘,对封土、墓坑、墓道、椁室、陪葬坑等遗迹都做了全面地揭示;所有陪葬遗物都进行彻底清理,全部棺椁葬具一并起取保护,人骨与动物骨骼也全部登记收藏,为研究墓葬年代、国别、族属及墓主身份等问题获取了大量实物资料。全部发掘工作历时63天,期间正值炎热的夏季,考古队员不畏艰辛,每天都坚持在烈日下工作,被群众称为"一支不怕晒、不怕风雨的队伍"。在运河村考古工地,还有一支能打硬仗,能吃苦耐劳的队伍,他们就是淮安市公安局水上警察支队组织的文物守卫小组,为保证千年古墓的正常发掘秩序,10余名公安干警日夜守护在发掘现场,风餐露宿,恪敬职守,为古墓的安全发掘做出了特别贡献。运河村战国墓是淮安进入21世纪第一个重大考古发现。中央电视台、江苏电视台、江苏新时空会同淮安电视台及新华日报、扬子晚报、淮安日报、淮海晚报等媒体单位连续报道,引起了社会各界的关注,提高了淮安的知名度与美誉度。发掘期间,淮安市委、市政府主要领导在百忙中安排时间,前来考古工地进行视察和慰问,体现市领导对文物保护工作的重视和对考古工作者的关怀。江苏省文物局领导与南京博物院专家曾多次来工地考察,对墓葬的科学发掘与文物保护以及课题研究提出了许多指导性意见。

鉴于运河村战国墓的历史、艺术、科学价值,我馆继《淮阴高庄战国墓》出版之后,再次续编《淮安运河村战国墓》一书。高庄战国墓与运河村战国墓同处一个大的贵族墓地,两墓年代相近,文化关系密切,在文物类型上亦有不少共同的时代特征,有着丰富的文化内涵。

本书的正文以散记的形式回顾运河村战国墓发掘的全部过程,共计条目23例,涵盖考古发现、墓葬形制、随葬器物、发掘花絮、学术探讨等内容,并附以图表,尽量为读者提供翔实的考古资料。另汇录发掘报告、考古通讯、专题研究、文物修复保护等6篇文章。我们希望该书的出版能为研究淮安先秦历史和加强运河之都文化遗产保护发挥积极的作用。

一 发 现

　　2004年夏季,淮安市京杭运河两淮段整治工程全线启动,淮安市清浦区运河村一标项目为建设的主要工段。此段位于京杭大运河与里运河交汇处,西靠淮阴船闸,南来北往的船舶停锚于此,随着淮阴三线船闸的开通,过往的船只日趋拥塞。因此,实施两淮段"三改二"航道拓宽工程是促进京杭运河经济发展的战略举措。运河村一标段项目由江苏省镇江港航工程公司承建。自上半年开工以来,施工队在修筑北岸护坡中陆续发现一些中小型古墓,出土有战国至西汉时期的灰陶鼎、灰陶壶、灰陶盒、灰陶豆等随葬器物,还见有明代的青瓷印花碗、硬陶罐、银手镯等。这些迹象表明,运河村一带应属古墓埋藏区(图一)。

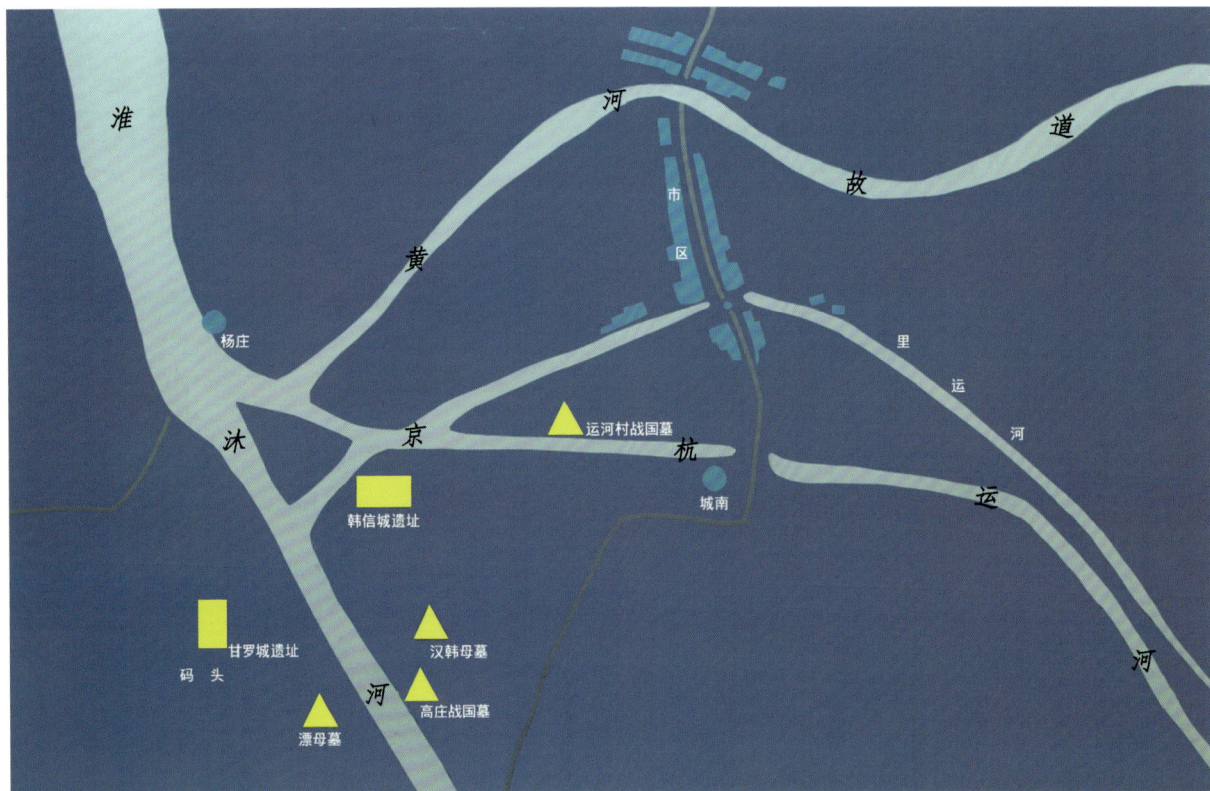

图一　运河村战国墓位置示意图

7月7日清晨,施工队挖掘机在运河村九组境内开挖石工堤基础时,距河堤下10米深处发现大量的木质构件,不知为何物,随即停机报告当地公安部门。淮安市博物馆接讯后迅速赶到现场,经勘查,确认是一座战国时期贵族大墓(图二)。

图二 施工中发现的运河村战国墓

运河村北堤下为何会出现大墓呢? 村上老人们告诉考古队,眼前的京杭运河航道开凿于1958年,以前的老航道是由里运河通过。在开挖新运河前,这里有座大土墩,高有八九米,俗称"公公墩"、"大将军墩"或"大将军坟",后因开河被掩埋在北堤下。查阅清咸丰《清河县志·图说》,此墩称之为"龚家墩",旧时与泰山墩(漂母墓)、青狗墩(韩母墓)、七里墩、御马墩、武家墩等誉为"星墩环列"的古淮阴十景之一(图三)。

淮安市区南部怎么会分布有众多的土墩? 这些土墩的文化性质与类别是什么? 根据1949年建国以来的考古调查与发掘资料,可以确定这些土墩多属于先秦时期的贵族墓葬。从地理位置来看,距运河村西南5公里为淮阴区码头镇,镇北有座甘罗城遗址,滨于淮泗交汇的泗口,秦时始置淮阴县治于此。甘罗城四周有城垣,南北长560米,东西中宽320米,面积约18万平方米,城址范围内文化层堆积深厚,经考古勘探一般深度在2米至3.5米。城垣修筑于何时,未经考古发掘不能定论,但从地表散见的大量先秦时期

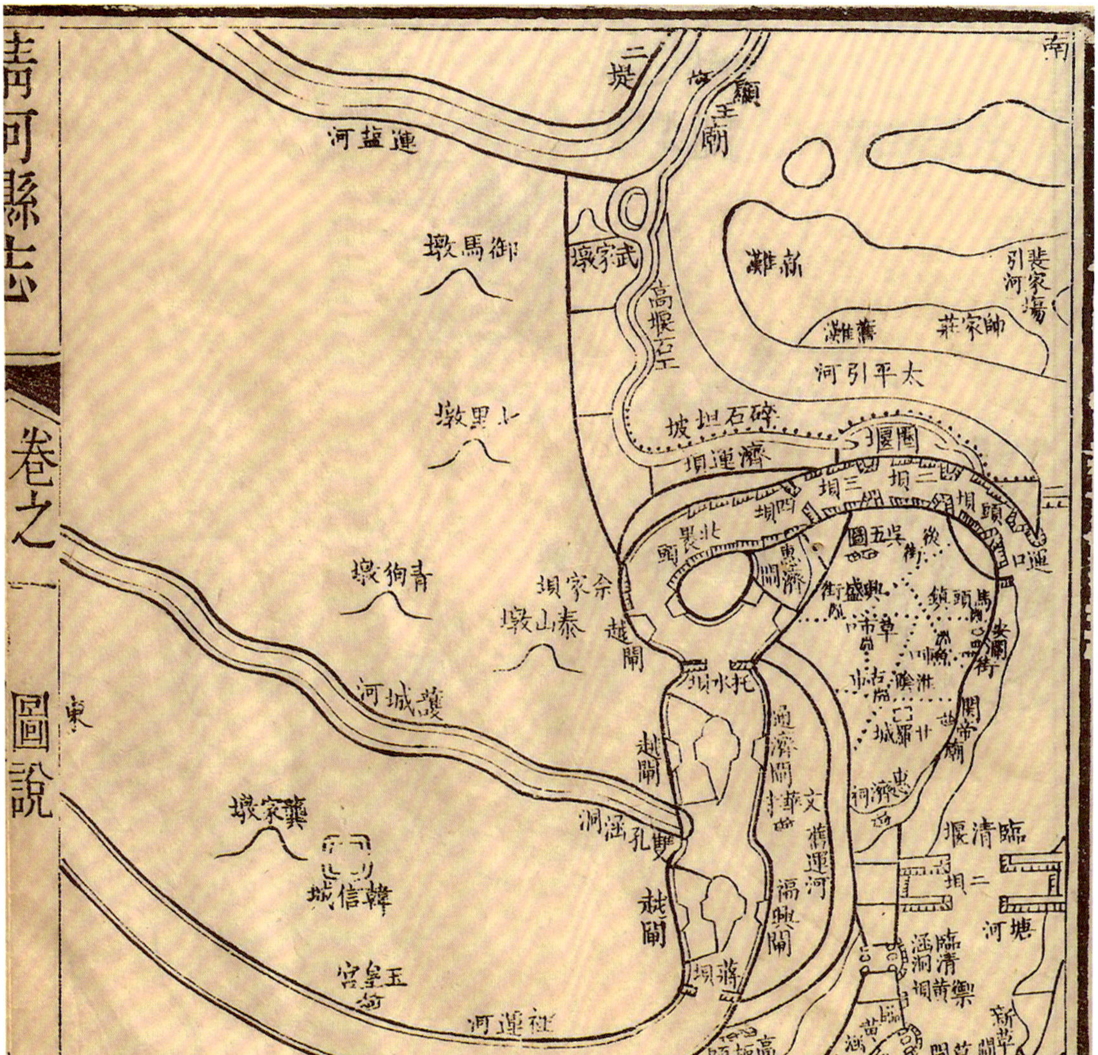

图三　清咸丰《清河县志·图说》古墩分布图

印纹硬陶与绳纹陶片等遗物,可以证明该城址年代跨越久远。早在秦灭六国始建淮阴县治前,这里已是淮夷地方政权与吴、越、楚等外强势力相继更替的重要城邑了,当时的辖境范围正如荀德麟先生《淮安清口杂考》所证:"当年的淮阴城,北据泗口,西控长淮,东近黄海,南出邗沟,为南济长江、北达河济、西出中原之輠毂,是黄淮、江淮地区最重要的交通枢纽,也是淮泗水下游地区的经济和文化中心。"由此可见,甘罗城遗址是淮安城市发展的根源所在。自吴王开凿邗沟到秦灭楚,经过了260余年的历史,淮阴因处于南北交通的重要枢纽,在列国争霸的战争中,有着十分显要的战略地位,曾创造出历史的辉煌。这些统治一方的达官显贵死后葬身何处? 从地理环境来讲,淮阴位于淮水之南(不可能逾淮水而葬),其东部地势高敞,是权贵们死后选择安葬的理想茔地。这些贵族墓地的分布大致可以圈定在淮阴区码头镇以东、清浦区里运河以南、城南乡以西、武墩乡以北区域内。自新中国建国以来,在这片古墓埋藏区范围内,尚未发现春秋与秦汉时期的贵族墓葬,而经考古调查、勘探与发掘的高庄墓、武墩墓、七里墩墓、桃岗子墓、运河村墓以及清水墩、泰山墩、御马墩等,皆为战国时期的贵族墓葬,周围还发现有同时期的家族墓穴,其国别非越即楚。此外,在武墩乡普墩村与王庄村一带所发现的西汉早中期墓葬,均为中小型木椁墓,随葬器物缺少厚葬之风,一直没有发现形制较大的西汉墓,远不如盱眙东阳西汉古墓埋藏的数量、等级规格及分布面积。这表明淮阴在西汉时虽然设县,但在行政区划与经济实力方面已失去了战国时期的历史辉煌,估计当时的辖区人口不足万户,属于小县。为什么会在政治与经济上受到朝廷的制约? 这一定与淮阴侯韩信被诛杀有关。再说国家已南北统一,战争平息,因而,淮阴作为"问鼎中原"的战略地位也就丧失了。

二　发掘方案

墓葬发现后，因工程建设时间紧迫，为保证考古发掘工作有序开展，力求做到工程建设与文物保护两不误。7月7日下午，经馆领导与考古队员认真讨论，特制定出《运河村战国墓抢救发掘工作方案》。

运河村战国墓抢救发掘工作方案

一、考古发掘的总体要求

此次考古发掘已报请国家文物局批准，属抢救性发掘。整个发掘过程必须做好以下几点。

1. 坚持考古发掘的科学性

必须按照国家文物局颁发的《田野考古工作规程》操作，保证发掘资料真实、完整。要认真做好发掘现场文字记录、考古绘图、考古摄影等工作。对墓葬的遗迹现象要全面分析，详细记录。凡墓葬内出土的每件器物，包括破碎陶片与残朽的骨骼、牙齿都要彻底清理干净。

2. 确保发掘现场文物安全

在发掘过程中，对每件陪葬器物都要细致清理，小心起取，安全传递。出土文物逐件登记，附有器物标签，及时包装，尽快运回馆里入库保管，不得放置在工地过夜。对出土文物的价值，在发掘现场不作讨论研究。进入墓室发掘阶段，非考古人员和未经馆长同意的人员不得入内。夜间不能进行文物清理工作。

3. 确保发掘现场人身安全

此次发掘得到市公安部门全力支持，发掘现场治安秩序与出土文物安全有了坚实的保障。但因施工现场的特殊环境，古墓发掘区存在着一些隐患。第一，墓墩南部滨于运河村渡口和船舶码头，来往人员与装卸车船络绎不绝，施工的车辆不停地在墩子的边缘运行，稍有不慎就会坠入墓坑。第二，围观的群众日益增多，墓坑距地表高至5米，两侧的封土在众人的踩压下，随时都有坍塌的危险，围观的群众相互拥挤，一不小心就会跌入坑底。以上两点都会给墓坑内的发掘人员及文物造成危害，请公安人员采取拉警戒线、劝阻、制止等有效防患措施予以解决。

二、组织分工

此次发掘要分工明确,责任到人。做到上下一致,同心协力,不推诿,不躲懒,克服工作与生活上的困难,发扬艰苦奋斗的精神,圆满完成工作任务,具体分工如下。

孙玉军(馆长)　全面负责,协调处理各方面的工作矛盾。

王剑(副馆长)　考古发掘现场业务负责人,兼管后勤工作。

陈永贤(副馆长)　在馆里做好宣传联络工作。

尹增淮(考古部主任)　考古发掘主持人,负责民工管理。

王厚宇(考古部副主任)、谷玲(陈列保护部主任)　负责出土文物包装管理。

包立山(考古队员)　负责考古摄影。

胡兵(考古队员)　负责考古绘图

陈锦惠(楚州区博物馆副馆长)、赵海涛(保管人员)　负责墓室文物的清理。

朱宏亮(陈列保管部副主任)　负责宣传与录像工作。

李艳梅、欧敏(后勤保卫部人员)　负责发掘现场的设备物资管理工作。

三、发掘程序与步骤(包括时间安排)

1. 对墓墩北面与南面的地层剖面进行勘察,测绘出墓葬封土的高度与底径。完成时间7月7日至9日。

2. 找出墓口、墓道,并对墓坑四周的原始地面进行勘探,避免相关遗迹疏漏。完成时间7月10日至11日。

3. 清除墓内填土。完成时间7月12日至13日。

4. 清理墓室文物。完成时间7月14日至15日。

5. 如棺椁保存较好,并能复原,所有葬具应该起取运回,完成时间7月16日。

整个发掘工作必须在10天内结束,如在发掘过程中出现复杂的情况,工作步骤再作调整。

四、考古发掘经费预算

根据发掘的面积,结合当地实际情况,预算民工费、消耗材料费、器材设备更新折旧费、记录资料费、文物包装费、交通运输费、临时建筑设施费、标本测试鉴定费、棺木起运费等各项费用共计15.1万元。

淮安市博物馆

2004年7月7日

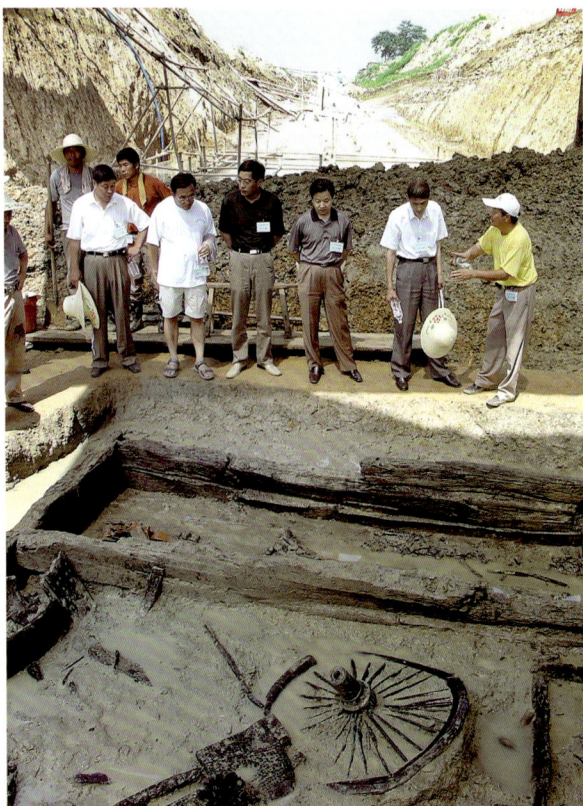

图四　省文物局领导与专家指导发掘工作

随着考古发掘的深入开展，至7月21日整个墓室全部显露出来，其规格与等级远远超出了预先的推测。为了确保发掘的科学性及出土文物得到技术上的保护，我馆将发掘情况立即报告江苏省文物局，请求南京博物院考古专家与文保专家前来支援。7月22日上午，时任省文物局副局长龚良、南京博物考古研究所所长张敏等来到考古工地。经实地考察，确认是江苏境内发现的规模最大、结构最为奇特的战国贵族墓葬，并且对淮安市博物馆前期发掘工作的科学性给予肯定（图四）。随后，南京博物院李则斌、张金萍、周润垦、周健宁4位考古与文保专家抵达运河村。根据墓葬的规模和保存情况，发掘方案与经费预算进行补充调整。野外发掘工作日增至到60天；考古发掘经费预算调整为81.1万元。

三　封　土

封土是指堆筑在墓葬坑口以上的坟丘,形如圆状或椭圆状的土墩。运河村战国墓的坟丘因掩埋在河堤之下,其整体形状难以目睹,但从施工现场开挖的沟槽可以看出,原有墓墩的中心已被施工机械从中挖开。为了测绘出墓葬封土的高度与底径,从7月8日下午发掘工作正式启动后,考古队首先组织17名民工在墓墩的北半部,由大堤上面向下铲除剖面(图五)。经过两天的清理,一个斜坡状的土墩显露出来,高约5米,底径约50米(图六)。墓墩的高度为什么与村上老人们说的高度相差3至4米呢?因为,当时测量的位置在墩的北缘,墩子的顶部已被挖掉。为了计算出封土的准确高度,考古队又在墩子的北坡开挖了一条南北向的探沟,根据剖面显示的地层线,沿坡度弧线逐渐上升至墓坑中心位置,测量出墩子的高度在7米左右,加上几千年水土的流失,墩子原有的高度应该在8米以上。又因墓葬建造在岗垄之上,远处望去就更显高大了。在民国时看到的泰山墩(漂母墓)、清水墩(韩母墓)、武墩、七里墩的封土都很高耸,高度一般都在10米以下,这与老人们回忆的状况是相符的。再从封土的剖面观察,土质为黏性泥土,土色为黄、白、黑三种,分层堆筑,有夯打痕迹,其中夹杂有草木灰,结构十分坚固,这些建筑方法与前面提到的几座墓墩都是相同的。再者,在清理封土堆中,还发现有战国时期的绳纹泥质红陶片,这对判断墓葬的建造年代又提供了佐证。

图五　民工在铲除封土墩北壁的剖面

图六　覆盖在河堤下的封土墩

四　墓口与墓坑

墓口就是墓葬在原地表开挖的坑口，叠压在封土堆之下，寻找到墓口就可以了解墓葬的形制与范围，可以掌握发掘的具体目标。运河村战国墓西南面的墓口已在施工中破坏，但在南部的封土层下，显露出一条几十米长的地层线（图七），这就是墓坑开口的原始地面了。根据这条地层线可以测量出墩子南部的高度与墩子西部底径的宽度。7月9日开始寻找墓口，7月11日墓口完全被划定出来。墓坑平面呈矩尺形，坑口南北长11米、东西宽10米，至墓底深4.7米。墓坑上层为黄褐色砂性黏土，下层为棕红色砂礓黏土，土质坚硬。四角圆弧。墓坑东侧有一斜长的墓道。墓口及地面之上覆盖一层20至30厘米厚的白膏泥，由封土边缘向内叠压，至墓室顶部逐渐增厚。这种灰白色粉质黏土，土质细密柔软，隔水性较强，经风吹日晒后变得十分结实。坑内填土分白膏泥与青膏泥两种，白膏泥封闭在坑的南北边缘，青膏泥封闭在墓坑的中间。这种泥土对棺椁起到了很好的防腐作用（图八）。7月12日至15日开始下挖墓坑内的填土。填土揭示完毕后，墓室呈现，整个墓室为木椁结构，分为正藏椁、外藏椁、陪葬坑三个部分。正藏椁居墓坑的北部，外藏椁居墓坑的南部，陪葬坑附在外藏椁西侧，正藏椁东部正对墓道。墓向112度，墓地中心位置GPS坐标纬度33°34'12.5"、经度118°58'52.6"，海拔高度6米（图九）。

图七　封土堆下显露的墓口地层线

图八 墓口上覆盖的白膏泥与青膏泥

图九 运河村战国墓椁室全景

五 墓 道

　　7月10日在寻找墓口的时候，在墓坑地面的东部已隐显出墓道的坑口线。墓坑东端呈圆弧形，与墓道相连。自7月15日起开始组织大部分民工下挖墓道填土，从墓坑与墓道的接口处由西向东逐层清理填土。墓道之上依然铺盖一层很厚的白膏泥（图一〇）。墓道最西端与墓坑连接处上宽5.4米，下宽3.5米。墓道内填土上部为黄、白、黑三色黏土；下部为黄褐色熟土，分层夯筑，十分板结厚实。每层堆筑厚30厘米左右，每层间都铺洒一层草木灰烬（图一一）。墓道南北两壁为黄褐色，下挖至棕红色土层时，土质变的纯净，即处于墓道的底部，墓道底部呈凹弧状。整个墓道下挖工期至8月31日，一共发掘了48天。墓道清理长度为30米，最东端上宽3.2米，下宽3米。因墓道东端已涉及到施工的通道，为不影响行人交通与工程建设，剩余的墓道就不再进行发掘了。整个墓道只在东部出土一件战国时期的灰陶罐，小直口，鼓

图一〇　墓道坑口覆盖的白膏泥

图一一　墓道填土分层铺洒草木灰烬

腹,圜底,下部饰有绳纹(图一二)。根据墓道的地层剖面,可以观察出运河村墓地原是一条东西向的土岗,墓道入口开挖在岗垄边缘,墓室正好修建在岗脊的中心位置。墓道坡度平缓,斜度在15度左右。墓道入口处堆筑大量的青膏泥(图一三)。当墓坑与墓道呈现后,居高瞻望,整个墓葬形制奇特,修筑规整,结构严密,气势恢弘。通过发掘工作,我们清楚的了解了墓葬建造的全过程。首先选择这块高地后,在岗脊中心平整地面,然后按照墓葬的形制下挖墓坑与墓道,墓室建好后由墓道将死者殡葬,填埋泥土,又在墓口之上铺垫一层白膏泥加以封闭,起到防水、防腐的作用,最后在白膏泥上堆筑起高大的坟冢,一座高大的贵族冢墓就呈现在世人的眼前(图一四)。清咸丰《清河县志·图说》标记该墩为"龚家墩"。并不能认为墓主人就姓龚,而可能是后世有姓龚的先民迁居于此,或族人葬身于墩子的周边。这与民间传说曾有姓葛的守坟是比较相符的。

图一二　墓道出土的灰陶罐

图一三　墓道入口封闭的青膏泥

图一四　墓道全景

六 正藏椁

椁是古代葬具的组成部分,是棺外的套棺。《礼记·檀弓上》:"葬也者,藏也,欲人之弗得也。是故衣足以饰身,棺周于衣,椁周于棺,土周于椁,反壤树之哉!"所谓正藏是指安葬墓主人的棺室。

正藏椁的清理发掘工作从7月13日开始,至7月29日结束。正藏椁分外、中、内三重,均呈长方形,以木枋结构层层套合。每层椁的侧板木枋两端均凿有凹槽,挡板木枋两端均伸出凸榫,它们相互结合组成椁室。三层盖板呈南北向覆盖,三层底板呈东西向平铺。所有椁板通体髹漆,保存情况较好(图一五)。

图一五 正藏椁外、中、内三重套合结构

外层椁东西长6.5、南北宽4.4、通高3米,墓口距椁室顶部深1.7米。所有椁板都为巨型长段木料。顶部盖板15块,每块长4.4、宽0.33~0.44、厚0.3米。南、北、东三壁各垒砌6块椁板,西壁垒砌7块椁板,最上1块用榫头上下拼合。南北壁各长6.5、宽0.3米,东西壁各3.7、宽0.27米。底板12块,每块长6.7~6.75、宽

0.3–0.47、厚0.3米，南北总宽度4.54米。在外层椁内壁距盖板0.65米处等距凿有16个方形榫孔，孔边长3、深6厘米。南北二壁各有6孔，西壁有4孔，孔内存有木质挂钩。这些挂钩考古专家有的认为是悬挂乐器，有的认为是扣扎帐幔的。究竟何用，有待进一步考证（图一六；图一七）。

图一六　外层椁西壁挂钩榫孔与盗洞

图一七　榫孔内插置的木质挂钩

中层椁东西长 5.14、南北宽 2.32、通高 2.36 米。上部盖板 13 块,每块长 2.3、宽 0.33~0.44、厚 0.25 米。四壁各垒砌 5 块椁板,凹槽套榫结构与外层椁相同(图一八;图一九)。椁室内高 1.84 米。南北壁各长 5.14、宽 0.25 米,东西壁各长 1.8、宽 0.25 米。底板 6 块,以上下浅槽扣合,每块长 5.14、宽 0.22~0.52、厚 0.25

图一八　中层椁北墙西端的凹槽

图一九　中层椁东墙南端的凸榫

图二〇　中层椁顶部盖板

图二一　北回廊

米,总宽度2.3米。中层椁东壁与外层椁相连,南、北、西侧各留有0.7~0.8米宽的空间,形成回廊,内高2.4米,一人站立可以行走(图二〇;图二一)。

内层椁东西长4、南北宽1.75、通高1.77米。盖板15块,每块长1.75、宽0.2~0.36、厚0.17米,南、北、西三壁各垒砌4块椁板,东壁垒砌6块椁板。椁板套合亦采用浅槽套榫结构,东壁最上一块椁板以三角形对角扣接。椁室内高1.4米,南北壁各长4、宽0.2米,东西壁各长1.35、宽0.2米。底板3块,每块长4.2、宽0.42~0.47、厚0.2米。总宽度1.35米,两侧被南北二壁椁板卡住。内层椁底板的平面与墓道西端入口的底面正好等高。内层椁内放置主棺。内层椁西壁与中层椁东壁之间留有0.6米×1.92米的空间,形成足箱(图二二)。

根据运河村战国墓三椁一棺或称一椁三棺结构,可以对墓主人的身份进行考证。《荀子·礼论》载:"天子棺椁七重,诸侯五重,大夫三重,士再重。"彭浩先生考释为"庶人用单棺,士用一椁一棺,下大夫用一椁二棺,封君用一椁三棺"。据此,可以确定墓主身份不会低于大夫一级(图二三;图二四)。

图二二　内层椁顶部盖板

图二三　正藏椁东墙三重椁板

图二四　正藏椁北墙三重椁板与主棺

七 外藏椁

运河村战国墓形制奇特之一，是在正藏椁南侧又出现一个外藏椁。椁室顶部盖板已在7月7日清晨被挖除。根据现场调查与拼合，整个椁室形制可以复原。为考虑文物的安全，从7月17日开始先发掘外藏椁，并清理椁内的随葬器物，至7月27日清理完毕。外藏椁为一层木枋结构，近似方形。东西长3.62，南北宽3.5、通高1.18米。盖板13块，每块长3.6、宽0.22~0.3、厚0.18米，呈东西向覆盖。东、西、南三壁各垒砌4块椁板，各壁长3.5~3.55、宽0.16~0.18米，椁室内高0.82米；北壁无墙板，与正藏椁室南壁搭连。底板14块，每块长3.56~3.8、宽0.2~0.3、厚0.16米，呈南北向平铺，总宽度3.4米。椁室内有一道隔墙，用3块长3.3、宽0.18、厚0.26~0.3米的木枋垒砌，将外藏椁分为东西二室(图二五；图二六)。东室为车室，室内长

图二五 外藏椁东、西二室

图二六 外藏椁底板

3.25、宽2米，室内随葬一辆结构完整的木雕鼓车及其他器物。西室为储藏室，室内长3.25、宽1.1米，随葬一组罐类陶器及杀殉的动物等。二室底部都铺垫木屑与竹席，还发现一些稻谷类粮食(图二七；图二八)。椁室西壁外侧南北两端，下两根木桩加固，间距2.6米。东、西二室均被盗扰，内藏的青铜容器无存(图二九)。

运河村战国墓的椁室结构较比高庄战国墓是有相同之处的。高庄墓亦在主椁室的南侧设立外藏坑，东部随葬车马器铜饰件等；西部随葬大量的陶瓷器。不同之处是运河村墓外藏椁结构完整，而高庄墓外藏室仅有地板，没有边墙与盖板，没有形成椁室结构。

图二七　外藏椁发现的竹席

图二八　外藏椁西室出土的稻谷

图二九　外藏椁西室
与正藏椁南壁出现的盗洞

八　陪葬坑

　　7月19日下午,在铲除外藏椁西侧坑底时又出现一个南窄北宽的长方形坑口,这使运河村战国墓变得更为神奇。往下挖确认是一个陪葬土坑。其面积为外藏椁西室相近。竖穴浅坑,无葬具。坑口长3.4、中部宽1.2、深0.5米左右。南北两端的坑壁线都与外藏椁平行。东壁依附于西室外墙,西壁紧靠墓坑的边缘。坑底内收,铺有一层0.2米厚的木屑,再辅上竹席。随葬3件夹砂灰陶鬲、6件红陶罐、1件灰陶钵以及殉杀的动物等,最后再用竹席掩盖(图三〇)。因面积窄小,安葬简陋,发掘工作仅用7月20日一天即全部完成。当时泥水与兽骨混合,起取的动物骨骼未作清洗与专家鉴定,故误认为此坑是殉马的陪葬坑,而把牛的骨骼看成是马的遗骸。陪葬坑未经盗扰,所见器物与动物骨骼均保留在原来的位置。清理工作非常细致,每块陶片与每块骨骼都收集入袋。动物的骨骼仅见肢骨与蹄骨,未发现头骨与牙齿。此外,在陪葬坑北侧还发现一具殉葬者的人骨个体,与兽骨相互叠压,这一殉人现象具有人牲的性质(图三一;图三二)。

图三〇　陪葬坑

图三一　陪葬坑发现的动物骨骼

图三二　陪葬坑发现的人骨与兽骨

九 独木棺

独木棺是由一根独木树干剖制的古代葬具。运河村战国墓共发现4具大小的独木棺(编号1至4号),其形制与结构基本相同。制作方法是将一根树段从中剖析,把两半树干中心刳空成弧形凹槽,再在两端凿浅槽安置挡板,上下盖合组成棺具。棺外壁略加刨削,使上下左右近似于平面,四角保持树段原有的形状,断面呈椭圆形。

1号独木馆 为墓主人棺具,安置在正藏椁三层椁内的中心部位,呈东西向,所谓"寿终正寝"。棺具厚重巨实,楠木制作。棺长3.15、宽0.9、高1.1米。棺盖略小于棺身,棺盖高0.52米,棺身高0.58米,棺帮与挡板均厚0.2米,内高0.7米。两端挡板伸入棺内0.19米,挡板凹槽深6、宽22厘米。棺外髹黑漆并施彩绘,图案已漫漶不清;棺内髹朱漆,棺底中部留有少量朱砂。在棺盖顶部偏西的位置,出现一个0.6米×0.45米的长方形盗洞(图三三)。棺内遗物不存。墓主骨骸被扰乱,头骨被盗掘者的抛掷在足箱内,部分肢骨散见在

图三三 一号独木棺

图三四 二号独木棺

棺两侧与内层椁墙壁的夹缝处。棺内尚保存部分下肢骨与胸肋骨，根据原有位置，可以确定墓主头朝东。经人骨专家鉴定，墓主系中年男性，年龄为45岁左右。

2号独木棺　为南回廊陪葬棺，位于南回廊的东侧，东西向。木质次于主棺，不够厚重。棺长2.27、宽0.62、高0.56米。棺盖明显小于棺身，盖高0.2米，身高0.36米。棺帮与挡板均厚0.1米，内高0.35米。两端挡板伸入棺内0.1米，挡板凹槽深4厘米、宽12厘米。此陪葬棺与主棺挡板结构有不同之处。主棺挡板为上下两个半圆形挡板结合；此陪葬棺挡板为一椭圆整体，插入在棺身两边的凹槽里。棺盖亦凿有凹槽，复盖时正好扣合在下面的挡板上，使其稳固。南陪葬棺顶部中心亦出现一个0.8米×0.32米的盗洞(图三四)。棺内无物，遗骸犹存。

3号独木棺　为西陪葬棺，位于正藏椁墙外西侧，南北向，棺北端与正藏椁北壁平行。木质与规格好于2号南回廊陪葬棺，保存十分完好，未经盗扰。棺长3、宽0.8、高0.92米，规格仅次于主棺。棺盖略小于棺身，盖高0.45米，身高0.47米。棺帮厚0.13米，挡板厚0.15米，内高0.66米。两端挡板伸入棺内0.16米，挡板凹槽深6厘米、宽16厘米。西陪葬棺与前两口棺具挡板结构又有不同，除与主棺挡板在形制上都呈两个半圆形外，又在挡板上下设置凹凸结构，使其封闭卡合(图三五；图三六)。

4号独木棺　为外藏椁陪葬棺，位于东室北壁，东西向。木质低劣，形制单薄狭小。发掘时棺盖已残损，但结构完整。棺长1.65、头宽

图三五　三号独木棺

图三六　三号独木棺挡板结构

0.42、尾宽0.3、高0.36米。棺盖小于棺身,盖高0.16米,身高0.2米。棺帮与挡板厚4厘米,内高0.28米。两端挡板伸入棺内6厘米。挡板结构与2号陪葬棺相同(图三七)。

　　运河村战国墓4口棺具与高庄墓2口棺具虽然同属独木棺结构,但在形制上有所区别。运河村墓独木棺断面为椭圆形,高庄墓独木棺断面为方形;在棺盖结构上也明显不同,前者呈半截盒盖状,后者呈长方形平盖状。

图三七　四号独木棺

十 盗 洞

　　盗洞是考古人最不愿意看到的!

　　运河村战国墓在开工发掘的第七天,即7月13日下午,在铲除墓口上面的填土时,于北侧中部发现了一个三角形盗洞(盗洞是从墩子的北缘开挖的),边长1.5米左右,越往下挖洞径渐小,至距椁室1米深处的盗洞里出土一件马车铜釭件,显然是盗墓者遗漏的。椁室暴露后,只见盗洞直至正藏椁的顶部,三层椁盖板被凿开,一直打到主棺的中心部位,主棺盗掘后,又向西侧破开内层椁西壁进入足箱,再破开中层椁西墙至回廊内(图三八;图三九)。正藏椁盗取完毕后,又沿回廊向壁外探寻,外层椁四角均发现探洞,洞径在40厘米左右。最后凿穿南壁第三层椁板潜入外藏椁东室与西室,盗洞之下即是4号陪葬棺的位置。在正藏椁南回廊盗洞下发现两件完好的铁镬,一大一小,形制相同。出土时镬面粘结许多木屑,应是盗墓用具。铁

图三八　墓口出现的三角形盗洞

图三九　外层椁盖板出现的盗洞

镬整体呈长方形,侧面呈三角形,长方形銎,直刃、刃略窄于銎首,大件长14、刃宽5.6厘米;小件长8.8、刃宽3.8厘米。铁镬处另有两块磨刃的砺石,砂质岩。大小各一,呈不规则形,有多个磨砺面。大件长16、宽7、脊厚2.7厘米,同为盗墓者丢弃的遗物(图四〇;图四一)。该墓除陪葬坑与西陪葬棺未被盗扰外,其余部位的珍贵器物均被窃取一空。

图四〇　盗洞内发现的铁镬

图四一　盗洞内发现的砺石

　　盗墓自古有之,意在开棺取宝,凡贵族大墓更是盗宝人掘取的对象,故考古人常说:"十墓九空。"一般古墓存在三大隐患:一是盗,二是塌,三是烧。这些危害都给人类的文化遗产带来灾难。以淮安清浦区南郊一带古墓埋藏区而言,1986年淮安市博物馆发掘武墩战国贵族墓,发现墓坑内荡然无存,就连厚重的棺具也被掘走了,坑底留下大量的彩绘漆片,坑内还保存一些陶器残片。复原的器物有绳纹红陶罐、灰陶高柄豆两种,其形制与运河村战国墓器物相同。再从1978年发掘的高庄墓与2002年春发掘的桃岗子楚墓,包括对漂母墓、韩母墓、七里墩等实地调查情况看,这批贵族墓葬都显露出被盗的迹象。要说运河村战国墓随葬品为什么会遭受如此惨重的盗取? 这是因为坟丘与棺椁保存状况良好。坟丘堆筑的虽然高大,但给盗墓者容易确定方向与棺椁的位置。再加上棺椁保存结构完整,一旦盗窃者潜入墓室内就可以"如囊探物"。高庄战国墓虽有两处盗洞,但因墓口之上没有坟冢,荒草一片,棺椁易受水土腐蚀塌陷。加之外藏椁只见底板,没有椁室盖板,随葬大量青铜器混迹填土中,才幸免于难。

十一 随葬品

运河村战国墓惨遭盗掘，椁室内的铜容器、礼乐器等珍贵随葬品被洗劫干净，尚余陶器、铜器、铁器、漆木器、骨器、玉石器等遗物130多件（详见表一，第81页），现按遗物随葬的位置分述于后。

1. 正藏椁内层椁出土器物

青玉璜2件。出土于主棺外两侧，混杂在被盗扰的淤土中，应属墓主人随葬器物。玉色青白，形制、尺寸、纹饰相同。长11.5、宽3、厚0.5厘米。呈扁平圆弧形，两端齐平，作兽面状。边缘起扉棱，背中部钻一小孔，双面刻浅浮雕云纹，其间以阴刻斜线将璜面分成三段（图四二）。

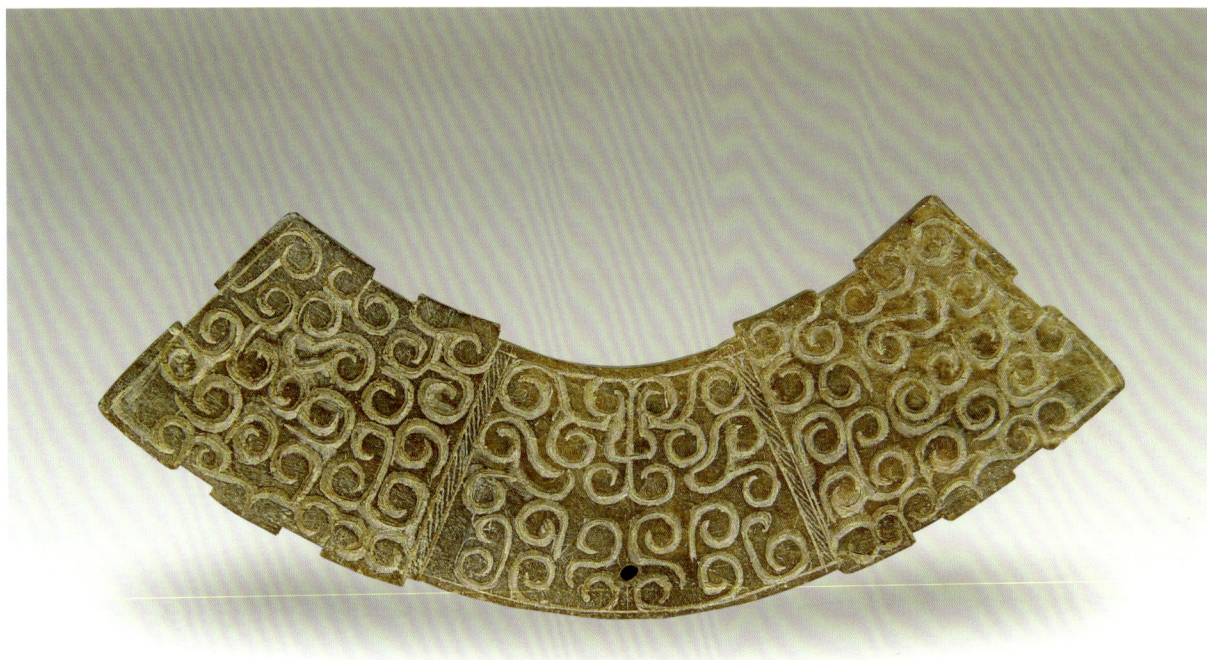

图四二 青玉璜

图四三　黑陶豆

图四四　黑陶杯

2. 正藏椁回廊出土器物

黑陶豆2件。分别随葬在南陪葬棺外东西两侧。形制相同。浅盘,弧腹,粗高柄,喇叭形座,柄下部饰三周叶麦纹。其中1件口径15、高24厘米(图四三)。此陶豆为灯具,放置在死者跟前意在长明不熄,所以民间有"人死如灯灭"的俗语。

黑陶杯1件。随葬在南回廊中部。直口,斜直腹,口径小于底径,器身一侧有一兽形柄,平底下接三个扁圆形矮足。下腹饰六周凹弦纹,其间缀饰细小的云雷纹。口径8.4、高9.2厘米(图四四)。

木雕水鸟2件。随葬在南回廊中部,被盗墓者踩踏毁坏。二鸟形制相同。鸟身为整木雕琢,鸟作蹲伏状,昂首翘尾,两翼微张,隆背平腹,腹下两侧凿有足槽,颈部与头部以榫卯结合。通体为黑地红彩,纹饰为羽翼纹。长48、中宽28、高18厘米(图四五)。

墨玉璜1件。位于漆绘木雕水鸟西侧,属南陪葬棺盗扰余物。呈半环形,背中部钻一小孔,双面刻双层浅浮雕谷纹。长8、宽1.8、厚0.5厘米(图四六)。

木盒1件。位于北回廊东侧,缺盖。器身呈椭圆形,子母口,口沿宽厚,胎壁较薄。长13、宽5厘米。

3. 外藏椁东室出土器物

东室器物清理分上、中、下三层揭示,大多数为车器构件与饰件,出土的其他器物稀少。

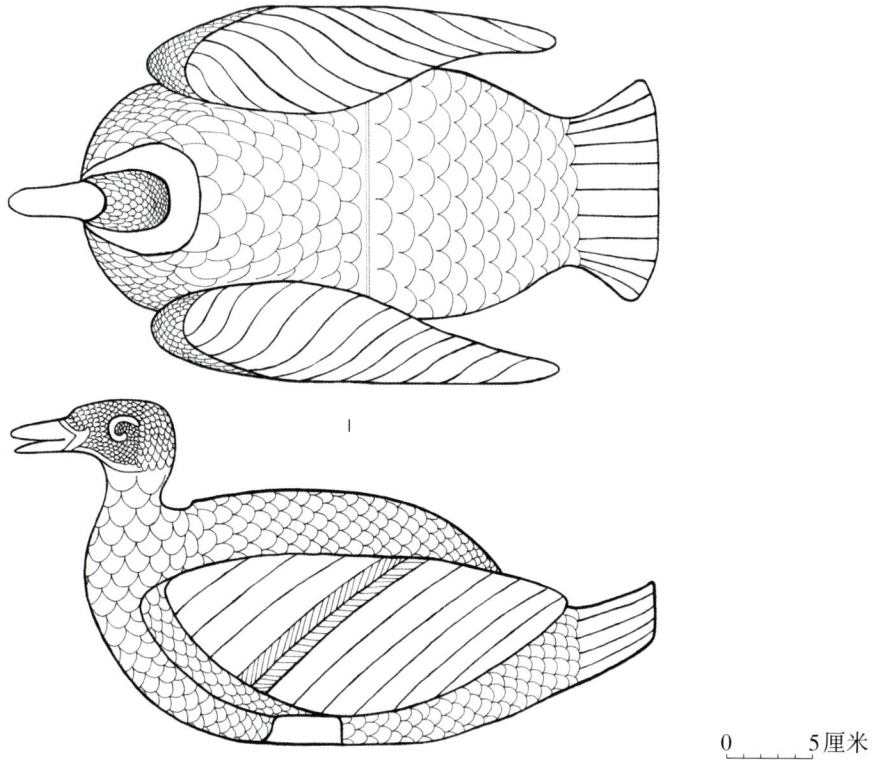

图四五 木雕水鸟复原图

0 ⊢—⊢—⊢—⊢—⊢ 5厘米

图四六 墨玉璜

黑陶豆2件。位于4号陪葬棺南侧,形制与正藏椁南陪葬棺黑陶豆相同。其中1件口径14.8、高22.7厘米。

铁锸1件。位于4号陪葬棺南侧。凹字形銎,侧面呈三角形,弧刃,刃宽于銎首,刃缘一面平直,一面斜直。长10、刃宽9.4厘米(图四七)。

图四七　铁锸

印纹硬陶钵2件。位于4号陪葬棺北侧,出土时已残缺,其中1件可以复原。杯形小钵,胎壁薄,内呈紫红色,表面为灰色。敛口,尖唇外侈,腹略鼓。口沿下附一对贯耳,腹饰细密的麻布纹,口径6.6、高约5.5厘米。

铜鼎足1件。位于东壁北部,为铜鼎器残余。蹄形足,圆柱体,粗壮,外撇。前后中脊起棱。高15.2厘米。

4. 外藏椁西室出土器物

泥质陶罐6件,位于西室的中南部。其中4件红陶罐,2件灰陶罐,分为A、B二型。A型器形较大。折沿,尖圆唇,沿面略向内斜,短颈,圆鼓腹,平底。颈部以下饰绳纹和弦纹。口径24、高42厘米。B型罐折沿,方唇,沿面内斜,短颈,圆鼓腹,大平底。颈部以下饰绳纹和弦纹。口径20、高27.4厘米(图四八;图四九)。

图四八 A型红陶罐

图四九 B型红陶罐

5. 陪葬坑出土器物

泥质陶罐6件,位于陪葬坑南部。陶色仍以红陶为主。形制除与西室A、B型相同外,还可以分为C、D型。C型罐与B型罐大致相同,唯腹部扁鼓。口径19.6、高20厘米。D型罐折沿,尖圆唇,沿面内斜,短颈,扁鼓腹,大平底。颈部至肩部饰小方格纹,腹部饰绳纹和弦纹。口径21、高21.6厘米(图五〇)。

图五〇 D型红陶罐

灰陶鬲3件,位于陪葬坑南部。为夹砂炊器。依鬲裆的高矮,可分为二型。A型矮裆鬲。扁方体,侈口,方唇,短颈,中腹微鼓,三实足根内收。口沿以下饰绳纹。口径20.4、高17.6厘米。B型高裆鬲。近方体,侈口,方唇,沿面内斜,短颈,上腹微鼓,袋状足,三实足根内收。口沿以下饰绳纹。口径20.4、高18.8厘米(图五一;图五二)。

图五一　A型灰陶鬲

图五二　B型灰陶鬲

灰陶钵1件。位于陪葬坑北部。敛口,圆唇,下腹斜收,底内凹。上腹饰二周弦纹。口径13、高6厘米(图五三)。

此外,在正藏椁回廊间出土的编钟支架与外藏椁东室出土的木雕鼓车及车舆饰件,这些能反映墓主人身份的随葬品,分别在下例条目中作介绍。

图五三　灰陶钵

十二　编钟木架

　　在正藏椁回廊间出土两副编钟木架，分别放置在西、北两边的廊道上。出土时木架已坍塌，悬挂的青铜编钟全被盗走。其中西回廊那副木架毁坏严重，是盗墓时被撬开的西墙板砸毁，加之盗洞深处两千多年泥水的浸蚀，木架遭受腐蚀，但形制依然清楚。北回廊那副木架保存较好，完全可以复原(图五四)。木架分上下两层，上层横木两端雕刻蟠螭纹，横木下方有九个贯穿的圆孔，底部凿有九个长方形卯眼，与圆孔相垂直；下层横木两头有榫，两端也雕刻蟠螭纹。左右两根支柱呈方柱体，有上、中、下三节凸面，凸面

图五四　北回廊出土的编钟木架

上雕刻蟠螭纹。底座为平顶的半球形,中心凿有长方形柱孔,与支柱下端的榫头吻合。整个木架长2.24、通高1.08米(图五五)。木架上的横梁在古代称之"筍"或"枸";两侧支柱称之"虡"。组合在一起称之为"筍虡",亦作"枸虡"。《周礼·春官·典庸器》:"帅其属而设筍虡。"沈约《梁雅乐歌·禋雅》:"云筭清引,枸虡高悬。"此墓出土的4件支架底座分二大二小,大者为北廊木架,为平顶的半球状,底径42厘米,高18厘米;小者为西廊木架,为圆台状,上面小,下面大,边缘斜直,底径38厘米,高17厘米。两个支座面有雕琢的痕迹,因表面腐蚀,纹饰难以辨认。北廊木架上层横梁长224、高11、宽7厘米;下层横木(不计榫头)长186、高10、宽6厘米。支柱内侧宽8厘米,外侧宽6厘米,不连榫头高77厘米。该编钟支架的复原对研究古代社会的礼乐制度具有重要意义。

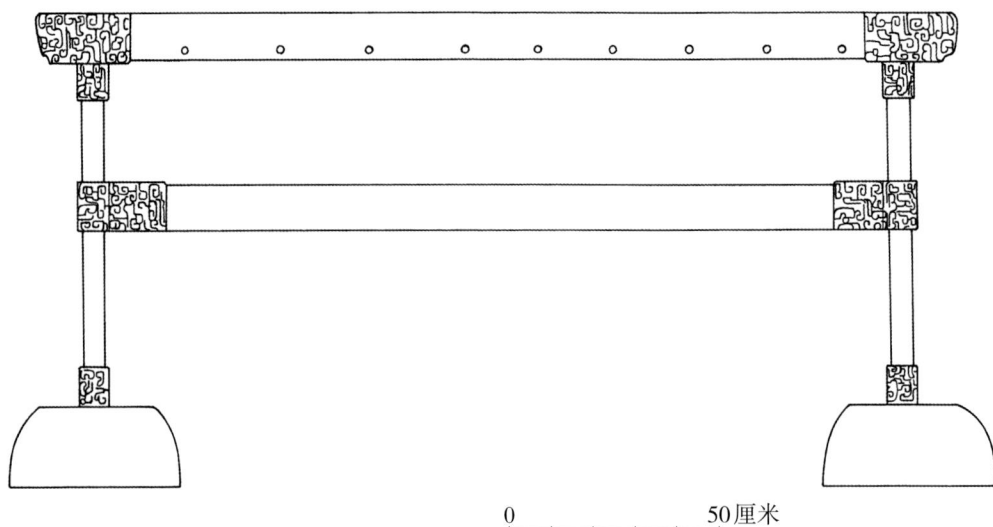

图五五　编钟木架复原图

十三　木雕鼓车

　　木雕鼓车是运河村考古发掘最为惊喜的发现。7月17日上午，在清理外藏椁东室泥土时，于东室南墙角露出鼓凸的车毂，再向下清理一件完整的轮毂呈现面前。考古队员沉闷多日的心情一下子兴奋起来。因为在正藏椁清理发掘中，仅出土了一些稀少而残缺的文物，使大家都感觉比较失望。经过十天的

清理，所有马车构件全部暴露出来，确定该椁室随葬是一辆完整的实用木雕鼓车（图五六）。根据上、中、下三层的揭示，可以看出随葬时先将两轮与独辀拆卸，车厢是呈南北摆放，车辀向北。从发掘现状看，轮轴、辀、衡、軫、建鼓等主要构件保存较好，形制完整，且有一定数量的雕纹车厢板。但装置在车舆上的青铜饰件已被撬取，大量的彩绘藤条折断，车厢结构遭到一定程度的扰乱和破坏。清理时散见许多金箔与彩绘漆片，彩绘纹饰有花瓣纹、蝶状卷云纹、涡纹、几何纹等图案。此外还发现车茵编织物的残迹。现将保存的主要构件分述如下。

　　轮与毂各2件。左右各一，形制相同。轮径94、牙宽8、中部厚4厘米。每轮有辐条28根，不算两端榫头长31厘米。内为扁条状，宽3.8厘米；外为圆柱体，直径为2厘米。毂长38、贤端外径11、孔径5.5厘米。軹端外径10、孔径4厘米。毂中部鼓凸，直径16厘米。一周刻有28个

图五六　外藏椁东室随葬的木雕鼓车

凹槽以置车辐(图五七;图五八)。

图五七　车轮出土状况

图五八　车毂

　　轴与伏兔1件。轴为整根木料制作,中段为上圆下平的扁圆柱体,向外斜收渐细。中段长114、左右两端长40厘米,总长194、中部宽5.4厘米。伏兔附在轴上,内有凹槽与榫眼,上有二道伏窝以承车軨。两侧及底部雕刻蟠螭纹。长25、宽5、高7厘米,间距114厘米(图五九;图六〇)。

图五九　轴与伏兔出土状况

图六〇　轴与伏兔

辀1件。为车子居中弯曲的车杠。由整根木料刮削揉制而成。出土时已断成多截,除头梢略有缺损,整体形制完整。辀尾与辀颈为圆柱体,两端较细。辀身扁宽平直,截面呈椭圆形,至1.63米处起翘,逐渐向上弯曲,顶部套一方形木质軏首。辀尾有一凹槽,应是与后轸交合的地方,总长约2.95米,向上弯曲部分高度约1米(图六一)。

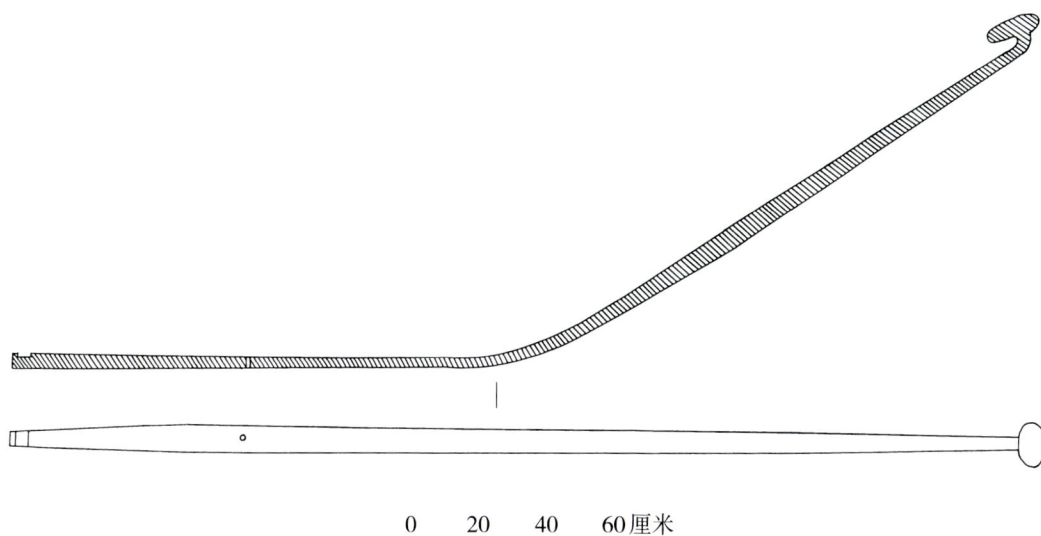

0　　20　　40　　60厘米

图六一　车辀复原图

轸1件。为车箱底部四面的横木。由两根木料揉制交接而成。每根木料呈直角弯曲,粗段为左右轸架,细段为前后轸架。细段末端再呈直角弯曲与另一根木料首端相接,用皮条捆缚。轸架上凿有矩形方孔,左、右、后轸平面有成排的圆孔。清理时在左右轸架上发现藤条呈斜线等距交织,同时出土车茵编织物残片。左右轸架宽4~4.5、厚2.5~3厘米;前后轸架宽3~4、厚2~2.5厘米。依出土时测量,轸架前后长约1.1、左右宽约1米(图六二)。

图六二　轸与轴出土状况

衡1件。为辀前面的横木。出土于辀首的左侧。同出的还有矛式铜件。主衡木为直径3厘米的圆木棒,两端安装向上弯曲的角形衡末。全长1.35米(图六三)。

图六三 车衡

前轸框1件。另有一种观点是鼓座。出土于前轸装饰板下面,为车舆的前部位置。由整木砍凿而成。前框为弧形,正面向外倾斜,中间凿一直径5厘米的圆孔,圆孔内侧突出椭圆形套管,车辀前端将由此贯穿;后框平直,中部有浅平的凹面,底部中心有弧形凹槽,与前框圆孔对应。后框外侧刻有齿状纹凹槽,两端各有二孔。板面留有编织物印痕。长138、中宽28、厚8.5厘米(图六四)。

图六四 前轸框

前轸板1件。为车前阑。两端上昂,中间内凹,两边向下圆弧,至底部平直。底边凿有四孔,正面雕刻蟠螭纹,四周边缘饰云雷纹。此轸板保存完整,纹饰雕刻精美。长142.5、宽44、厚3厘米(图六五;图六六)。

图六五 前轮板出土状况

图六六 前轮板

左右轸板2件。为左右车厢板,右厢板损坏严重。两侧上方各侈出一角、角下有肋窝,下部向内弧曲,至底部平直。一面上沿雕刻细小的云雷纹,下方雕刻粗犷的蟠螭纹;另一面仅上沿饰云雷纹。板面上安有供系扎绳索的铜钮。长130、宽37、厚2.5厘米(图六七)。

图六七　左轸板

长条形厢板2件。长方形,上部边缘鼓凸,刻有细云雷纹。正侧面刻蟠螭纹,四周边缘刻云雷纹,两端各有四孔,四孔中间有铜钮一个。长106、中部宽17、厚2厘米(图六八)。

图六八　长方形厢板

方板4件。呈方座形,上面四角有椭圆形穿孔,底内凹。边长22、高3.5厘米。

桄2件。为车厢底部的横木,与前后轸相接。出土于轸架内,附在辀的两侧,与之平行。一根残长81厘米;另一根残长58厘米,截面均为2.5厘米×2.5厘米。2件桄底部中心皆有一半圆形凹槽,与轴契合。此槽至桄的完好一端均为55厘米,由此推测车舆长度为110厘米左右(图六九)。

图六九　车底木枕

建鼓1件。鼓身为整木段刳凿而成,表面髹黑漆。口沿圆弧,较腹壁增厚。口径26、腹径46、长56厘米,边壁厚2.5厘米。两端蒙鼓皮的乳丁带宽9厘米。鼓身中部上、下有一对穿的柱孔,上孔为方形,边长6厘米。鼓柱为扁形木杆,截面为5厘米×2.5厘米的长方形;上端为边长6厘米的方形榫头,顶部呈圆柱体,已残损;柱杆中间断缺,下端有一榫头。推测鼓柱高达1米以上(图七〇;图七一)。

图七〇　建鼓出土状况

图七一　建鼓

　　彩绘藤条。数量较多,长短不一,多数残损。一类截面呈半圆形,宽1、厚0.7厘米;一类截面呈扁平状,宽1.3、厚0.5厘米。正面均为黑地红彩,纹样为几何形云纹(图七二)。

图七二　彩绘藤条

　　另有大小不一的车厢板若干,板面多刻有花纹,均属木雕鼓车的组成构件。此外,在东侧边缘还发现一根六节竹杆,长292、底部直径6厘米。其用途可能为插置旌旗或羽旄的杆子。

　　从整个清理过程看,此车装饰华丽,制作精巧别致,显示出墓主人有显赫的地位。高庄战国墓亦陪葬了大量的车马器,但没有发现木质车舆,而是出土了整套的车舆铜饰件。运河村战国墓随葬了一辆完整的木雕鼓车,装饰雍容华贵,形制结构保存较好。这两墓的车器同为我国古代马车的珍贵遗存,在研究先秦车制发展史可以相得益彰,起到相互补证的作用。从鼓车的保存情况看,此车复原下易上难,也就是说轮与轴、轴与辀的结构关系比较清楚明了。而车舆以上因倒塌、残破、盗扰移位及结构复杂等原因,给整体车舆的复原工作带来很大的难度,存在着许多学术研究与考古实践问题(图七三)。

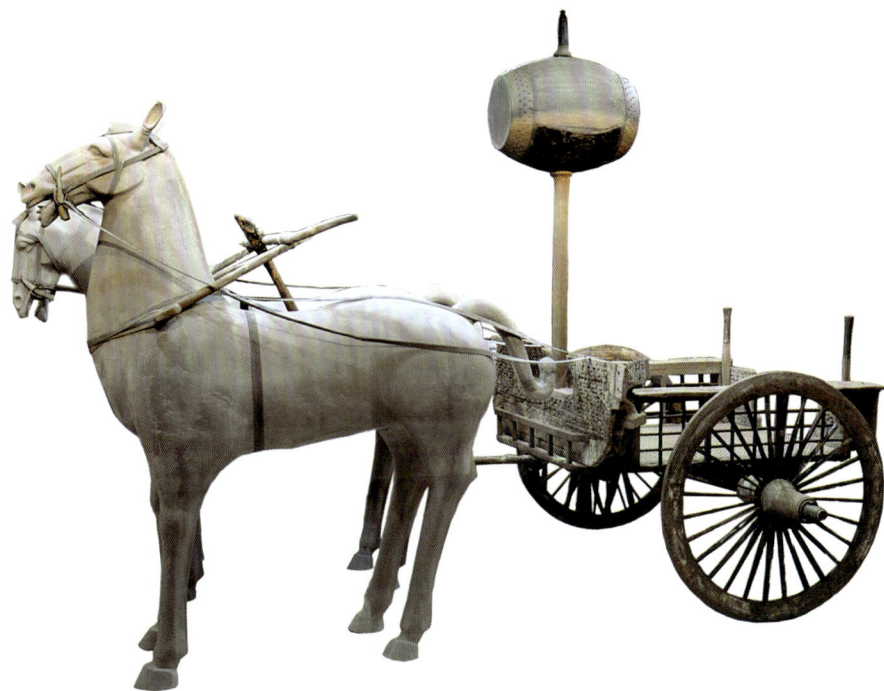

图七三　复原后的木雕鼓车

十四　车舆饰件

　　在清理木雕鼓车木质构件中,在堆积层中间与底部还发现大量车舆饰件,主要分为铜质饰件、骨雕饰件、漆绘饰件三种。铜质饰件比较集中,是下葬时分类放置在一块的;骨质构件与漆绘饰件比较零散,是从车厢上脱落下来的。现按四处比较集中的位置进行介绍。

　　1. 东室南部出土的车饰件

　　铜軎6件。依形制差异,分为二型。A型4件。圆筒状,直口,折沿,衡端透空。沿下插一长条形辖,辖首与辖末皆有穿孔。軎身饰六周绹纹,并有腰箍二周;辖首饰兽面纹。口内径4.7、长7.1厘米。B型2件。与A型不同之处是器壁较薄。一腰箍上饰一周折线纹,另一腰箍与軎末各饰一周变体云雷纹,腰与沿下各饰一周绹纹。口内径4.4、长7厘米(图七四;图七五;图七六)。

图七四　铜軎出土状况

图七五　A型铜軎　　　　　　　　　　　　　图七六　B型铜軎

2. 东室西半部出土的车舆件

铺首衔环4件。铜质。依形制差异，可分为二型。A型2件。有铺首，鼻环粗大，后铤粗长。鼻环上饰四道纵向云雷纹，衔环上饰六周勾连云雷纹。铺首通长13.5、上宽7.2、环外径6厘米。B型2件。无铺首，鼻环较小，后铤细短。鼻环上饰二道云雷纹。长7.2、环外径6.7厘米（图七七；图七八）。

图七七　铺首衔环出土状况　　　　　　　　　图七八　A型铺首衔环

铜柱首饰7件。形制大小相同。长管状，上粗下细，顶部封闭微凸。长17.7、管径3厘米（图七九）。

铜釭2件。呈齿轮状，外侧边缘有10个三角形齿向外平伸，齿尖锋利。齿面饰蝉尾纹，外圈饰绚纹，内圈饰卷云纹。内侧为圆管状，外部用白锡箍裹。外齿直径10.3、管口径3.6、长3.5厘米（图八〇）。

铜达常2件。形制、大小相同。呈锥管状，管体呈八棱形，顶部有一扁锥形帽。长14.5、口径4厘米（图八一）。

图七九　铜柱首饰　　　　　　　　　图八〇　铜釭　　　　　　　图八一　铜达常

3. 东室东半部出土车饰件

铜钩4件。直角弯曲,下粗上细,钩分双叉向上,下半截为扁管状。上部长5.4、下部长5.5厘米(图八二)。

铜包角形饰2件。呈曲尺形。拐角面较宽,上刻细小云雷纹,两侧为勾连云纹。长7.4、宽2.3厘米(图八三)。

铜插栓2件。方形底座,四角有卯眼,中间为五面桥形栓孔。底宽3、高1.4厘米(图八四)。

图八二　铜钩

图八三　铜包角形饰　　　　　　　　图八四　铜插栓

4. 东室北半部出土车饰件

铜轵饰。大小4件，均残。其中一件左侧保留完整，整体呈长条形、首端宽于内侧，向内弯曲，呈三角形封闭，截面呈"匚"形，向内呈"Γ"形。轵面与外侧面饰勾连云雷纹，末端宽5、高5、残长20厘米。其余三块均为轵饰的残片。从清理情况分析，原轵饰件较长，盗取时砸毁，上述几件为余物。此轵与高庄墓出土铜轵饰形制相同，但尺寸偏小，同为车阑上的铜饰件（图八五）。

图八五　铜轵饰

铜衡末饰1件。呈矛状，体短小且薄，单面双刃，前端尖锋利刃，正面前端中脊起棱，背面内凹。长13.3、中部宽2厘米（图八六）。出土时附在木衡之上。

图八六　铜衡末饰

5. 附在车舆木构件的饰件

铜钮12件。呈圆鼻形,中有横棱,后铤粗短。正面饰绚纹,两侧饰连珠纹。长2.5~3、孔径0.5厘米。出土进多安置在车厢板上。

龙形饰6件。铜质,呈薄片状,正面略凸,背面平整。整体为变形龙纹,二龙相对连体,上爪对合呈鸡心状,前角交触呈鸟冠状。铸造而成。长4、宽3.5厘米(图八七;图八八)。

图八七　龙形饰

图八八　龙形饰拓片

除上面的车舆铜饰件处,还在东室偏北的位置,也就是放置车厢的位置,出土了骨质扣饰11件。长短不一,均呈长方形,内凿凹槽。上面及两侧刻云雷纹、羽翼纹。长6~7.7、宽2.1、高1.8~2.2厘米(图八九)。

图八九　骨扣饰

十五　殉人与殉牲

　　7月26日清理正藏椁北回廊编钟木架时,发现第一具人骨架。当时已感觉到该墓有殉人现象。此后发掘过程中,又陆续清理出11具人骨架,除墓主人遗骸外(图九〇),其余均为殉葬者(详见表二,第84页)。现将11位殉葬者的安葬位置及随葬器物记录如下。

图九〇　墓主人头骨

　　1. 正藏椁北回廊殉葬1人

　　位于北回廊西半部。仰身直肢,人骨保存较为完整(图九一)。头向东。年龄与性别鉴定为壮年女性。头部以东放置编钟支架与漆盒各1件。编钟支架倒塌,横梁叠压在人骨架之上。

　　2. 正藏椁西回廊殉葬1人

　　位于西回廊北端。仰身直肢,人骨保存较差,头骨与骨架被盗掘者踩踏破碎(图九二)。头向北。年龄与性别鉴定为壮年女性。足部以南放置编钟木架,已倒塌破损。

图九一　北回廊殉葬者遗骨

图九二　西回廊殉葬者遗骨

3. 正藏椁南回廊殉葬3人

南回廊东侧陪葬棺1人。仰身直肢。颅骨保存完好,其它肢骨残缺。头向东(图九三;图九四)。年龄与性别鉴定中年女性。棺首外壁置1件高柄黑陶豆;棺西侧发现1件墨玉璜,为盗掘残余。

南回廊西侧殉葬2人。二具人骨仰身直肢并列向西。左侧人头骨局部残缺,其他肢骨保护较差。年龄与性别鉴定为青年女性(图九五);右侧人头骨基本完好,其他肢骨架整体较好。年龄与性别鉴定为壮年女性(图九六)。二具人骨架东部放置高柄黑陶豆1件、木雕水鸟2件、黑陶杯1件。另有铁镬2件与砺石2件,似为盗墓工具,散落在人骨架之上。

图九三　南回廊东侧陪葬棺

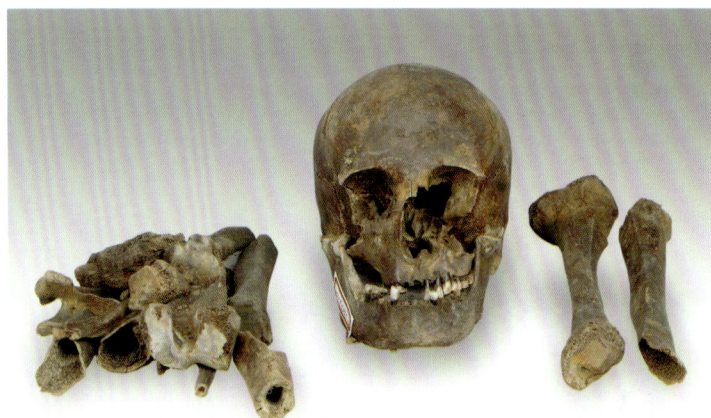

图九四　南回廊陪葬棺殉葬者遗骨

图九五　南回廊左侧殉葬者遗骨

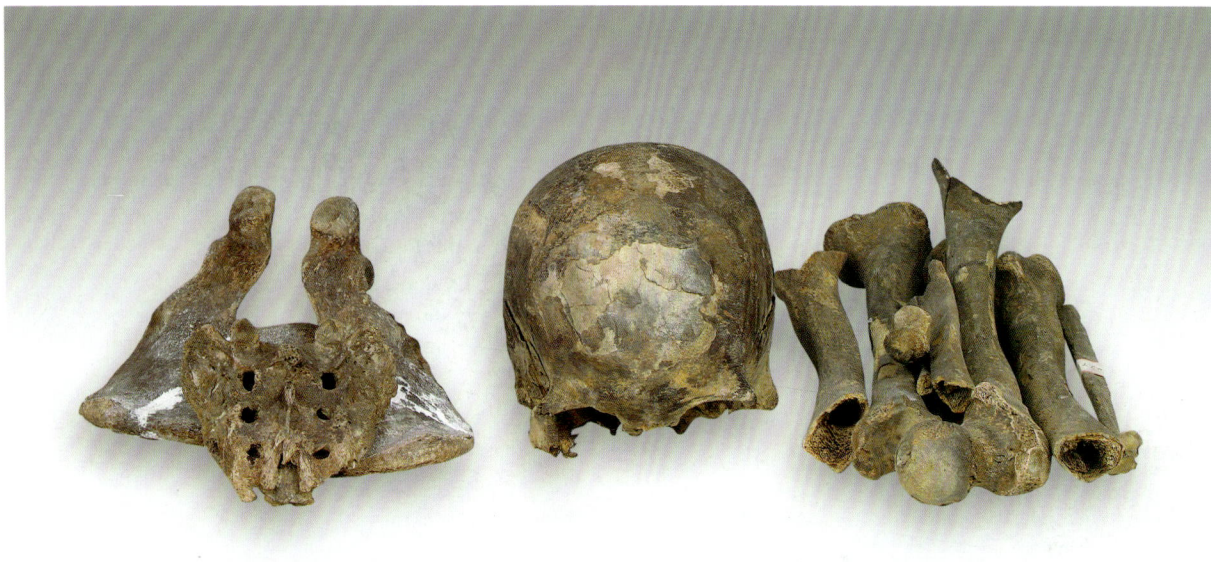

图九六　南回廊右侧殉葬者遗骨

4. 外藏椁东室殉葬2人

北壁下陪葬小棺1人。仰身直肢。颅骨破碎严重，牙齿保存较好，上肢骨残缺，下肢骨较完整。头向东。性别鉴定为青年女性，年龄在15岁左右(图九七;图九八)。棺内无遗物，棺外有高柄黑陶豆1件，南部为木制马车及其他随葬遗物。

图九七　外藏椁东室陪葬棺

图九八　外藏椁东室陪葬棺殉葬者遗骨

南壁下陪葬1人。仰身直肢。颅骨破碎,可以复原。其他肢骨保持较好,牙齿也保存较多。头向东。性别鉴定为青年男性,年龄在20岁左右(图九九;图一〇〇)。人骨之上叠压有车舆轮毂构件、建鼓、车軎铜饰件等器物。

图九九 外藏椁东室车夫人骨架

图一〇〇 外藏椁东室车夫遗骨

5. 外藏椁西室殉葬2人。位于西室北侧。二具人骨架并列朝北。左侧殉者躯体蜷曲,颅骨残破,小部分缺失,可复原。上肢与下肢骨不完整。年龄与性别鉴定为青年女性(图一〇一;图一〇二)。右侧殉者仰身直肢。骨架保存较好。牙齿保留较多。年龄与性别鉴定为壮年女性(图一〇三;图一〇四)。二者足部以南随葬殉杀的家畜及储存粮食的陶器。

图一〇一 外藏椁西室左侧
殉葬者骨骸

图一〇二 外藏椁西室左侧殉葬者遗骨

图一〇三　外藏椁西室右侧
殉葬者骨骸

图一〇四　外藏椁西室右侧殉葬者遗骨

6. 陪葬坑殉葬1人。位于陪葬坑北侧，上身躬曲向东，背部靠在西室外壁。颅骨破碎，颅骨面有竹席印痕。其他面骨保存较好，胸骨、肢骨基本完整。年龄与性别鉴定为壮年女性（图一〇五；图一〇六）。头部左侧放置1件灰陶钵，南侧随葬杀殉的家畜与夹砂陶质炊器等。

图一〇五　陪葬坑殉葬者头骨

图一〇六　陪葬坑殉葬者遗骨

7. 西陪葬棺殉葬1人。位于正藏椁西壁外北端。仰身直肢。骨架保存完整，棺具盗扰。头向北。性别鉴定为青年女性，年龄在25岁左右。骨架上下缠绕数道藤索，似窒息死后用麻布包裹入殓（图一〇七；图一〇八）。棺内无遗物。

图一〇七　西陪葬棺

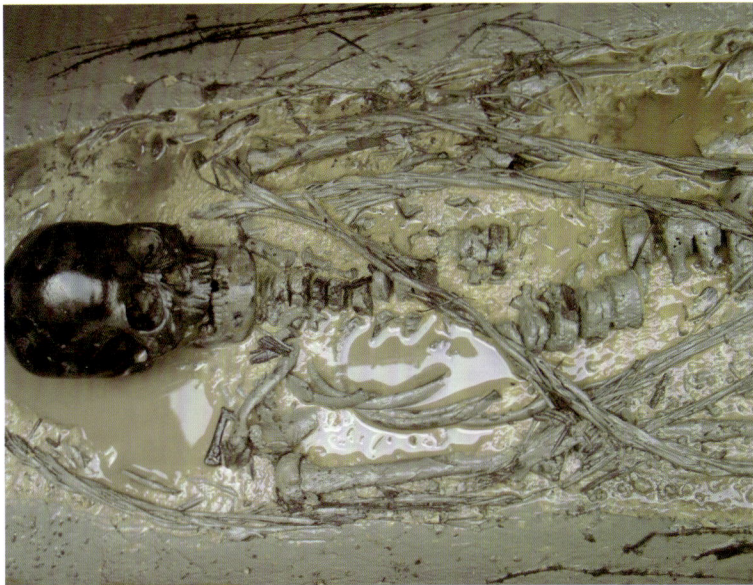

图一〇八　西陪葬棺殉葬者骨架上的藤条

　　根据殉人的安葬位置及有无棺具,大致可以分辨出各自的地位与身份。例如,正藏椁南回廊棺与西陪葬棺的殉葬者应是墓主宠爱的侍妾;回廊内的4个殉人是乐舞人员;外藏椁东室车舆下的青年男子当属御夫,而东室北侧小陪葬棺内青年女子,可能是与年轻车夫作为"夫妻"一同殉葬的。墓主希望他们繁衍子孙后代,永远为主人驾车御马。西室与陪葬坑内的3个殉人则是负责仓库庖厨的下等奴婢。在鲁南、苏北地区发掘的东周贵族墓葬多有殉人。在1978年发掘的淮阴高庄墓中也发现14个殉人,从该墓发掘报告墓葬平面图分析,主棺盗洞西侧的1号人骨,可能就是被盗掘者抛弃的墓主遗骸。

　　在外藏椁西室与陪葬坑发现大量动物骨骼,主要为动物肢骨、肋骨、尾骨,不见头骨与牙齿。开始误认为是马的骨骼,推断为殉葬的马坑。后经过对西室与陪葬坑出土遗物的整理,聘请淮安市畜牧水产局刘承华、冯学尧二位兽医专家(刘承华先生已退休,其父为民国时期著名的军马兽医),对这批动物骨骼进行种类鉴定,确认殉葬动物为牛、猪、羊三类,均为偶蹄目家畜(图一〇九)。通过对兽骨标本进行分类统计可知:牛有2头,一大一小,大者体形高大粗壮,推测体重400公斤左右;猪也不止1头,体重在80公斤以上;羊仅发现1只,体重在20公斤左右。兽骨与陶器摆放混杂情况反映出这批家畜是宰杀解肢后下葬的。刘承华先生还说:"马是家畜中最受爱护的大牲口,与人的情感最深,不可能解肢下葬。"清理工作十分细致,大小动物残骸全部起取装袋。发现牛、羊、猪的肢骨,均不见头骨与牙齿,可以推测这些家畜的头部或在治丧礼仪时已被割取,摆供桌上以示祭奠。牛、羊、猪古代称"三牲"。《礼记·祭统》载:"三牲之俎"。孙诒让正义:"用谓共祭及膳。"因此,该墓发现的动物骨骼状况正符合古代传统的"三牲"礼俗。

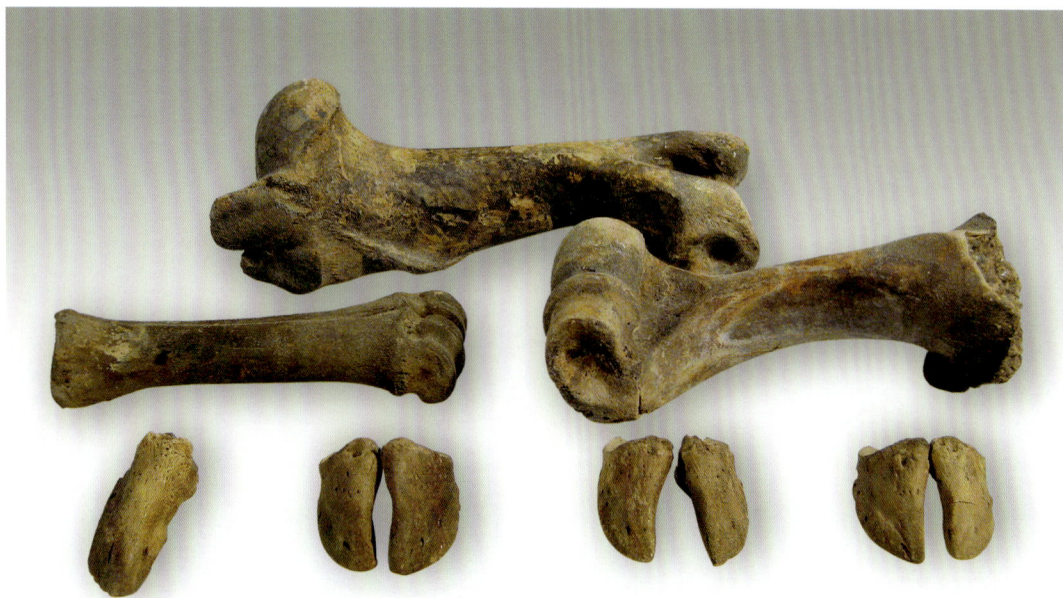

图一〇九　陪葬坑的出土动物肢骨

十六　西陪葬棺之谜

　　运河村战国墓所有椁室已被盗墓者"光顾"了,唯有正藏椁外的西陪葬棺未被发现,此陪葬棺长3、宽0.8、高0.92米,其规格仅次于主棺。整个棺具巨大厚重,封合严密,保存完好。从7月18日考古队发现西陪葬棺没有被盗掘后,就把唯一的希望寄托在西陪葬棺里,希望棺内能随葬一些精美的玉器和漆器等珍贵文物,决定把西陪棺放在最后清理。直到所有椁室及陪葬坑清理完毕后,考古队在8月8日这天打开这个令众人睹目的棺材,中央电视台、江苏电视台,淮安电视台现场直播了发掘实况。此日清晨,当东方晨曦初放光芒,考古队员就带着几位彪悍的民工,扛着铁棍,拿着粗绳,精神抖擞地下到坑底。这具棺枢为长盒形孤底独木棺,高大厚重,"工"字形挡板把上下棺体卡合的严严实实,虽在地下埋藏几千年,却完好如新。八位强汉一起动手,费了九牛二虎的气力,终于把这封闭数千年的厚棺撬开了。一股水气如烟如丝飘逸出来。考古队员赶紧上前探望,棺内盛满了清澈冰凉的水。队长指挥民工马上打水,一勺一勺,一桶一桶,水落棺底现,除一具完整的人骨架外,棺内什么都没有。仔细观看,人骨架上下缠绕着数道藤索。此殉葬者仰身直肢,头向北。经省文化局古脊椎动物与古人类专家李民昌先生鉴定,该殉葬者为青年女性,年龄在25岁左右。据其头骨与肢骨进行人像复原,该女子生前是一个五官俊秀,体态优美的丽人。然而这位丽人为何被藤条缠身? 为何"身无分文"? 又为何安葬在椁室之外呢? 这些安葬之谜让大家疑惑不解。对这些谜问考古发掘者编出一个背后的故事。此墓主人生前地位显赫,婢妾成群。他平日最宠爱这位丽妾。虽然倍受主人的喜欢,但因身份低微,始终不能改变自己奴婢的地位。由于受宠,反而遭来老夫人的忌恨。主人健在,尚得庇护,丈夫一死,凶残毕露。小女子立马上了殉葬人员的黑名单(共殉葬一男十女)。就在墓主人下葬的前夕,在老夫人的指令下,强行将她窒息而死,然后用麻布包裹再加藤条缠绕入殓,棺内不容随葬一物。并将棺具放置在椁室之外,作为营建墓室殉葬奠祭的第一人,让她永远不得与墓主人见面。这位俏丽佳人就这样悲惨地殉葬了,在这被爱情遗忘的角落静静地安息了两千几百年(图一一〇;图一一一)。

　　要问西陪葬棺捆扎殉者的藤索是什么植物? 考古队认为是檾麻之类的植物。罗愿《尔雅翼·释草八》:"檾,枲属,高四五尺,或六七尺,叶似苎而薄,实如大麻子,今人绩以为布及造绳索"。这类檾麻经在水池内沤泡,剥去茎杆,再在水中漂洗,涤除杂质,经凉晒成麻匹,便可以绩布造绳了。《诗·陈风》:"东门之池,可以沤麻。"《史记·淮阴侯列传》:"信钩于城下,诸者漂,有一母见信饥,饭信,竟漂数十日。"由此而论,漂母等漂洗的不是衣物,而是縗麻之物,这是一种农业经济生产活动。该陪葬棺殉葬女子遗体缠绕的藤索应是縗匹,表示为墓主人披麻戴孝的意思。

图一一〇　未被盗扰的西陪葬棺

图一一一　西陪葬棺殉葬者

十七 宣 教

　　运河村战国墓是淮安市进入21世纪第一个重大考古发现。自7月7日古墓惊现后,淮安市博物馆在市文物局直接领导下,抓住十分难得的考古机遇,周密策划,细致安排,广泛开展文物法规与历史考古知识的宣教工作。在发掘现场四处插置宣传牌,工地上空飘浮着大幅标语的彩球。考古队员与民工都统一穿着印有"淮安考古"的汗衫。因墓地位于城区西郊,每天来看"挖宝"的群众成群结队,扶老携幼。大家奔走相告,有的说:"运河村发现一个'太监公公'的墓了,墓室比房子还大,真是大棺材套小棺材!"有的说:"没看过这么长的墓道,里面都可以开汽车了!"还有的说:"这个墓是不是韩信的衣冠冢呢?"……对于观众的疑问,考古队员在发掘现场都做了认真的解释。还在《淮海晚报》上连续刊发了考古日记,介绍墓葬发掘情况与抒发考古人的壮志豪情,增加了市民对淮安战国历史文化的了解,起了良好的社会效益。7月8日墓葬发掘正式启动后,各路记者纷至沓来,捷足先登的是淮安电视台新闻报道记者董清主任,他拍摄到古墓惊现的第一个场面,在江苏卫视新闻频道播放后,引起了社会各界的关注。随后中央电视台、江苏卫视、江苏新时空会同淮安电视台,对运河村战国墓发掘情况进行了一个多月的跟踪报道。中央电视台新闻中心节目主持人范伊然,在8月8日发掘西陪葬棺时作了现场直播(图一一二)。此外,新华日报、扬子晚报、淮安日报、淮海晚报、淮海商报以及淮安广播电台的记者也蜂拥而至,他们争先恐后,爬上爬下,抓住每一个新发现,进行现场采访询问。各家报纸纷纷刊载了淮安运河村战国墓考古发掘的消息,有效地提高了淮安的知名度与美誉度(图一一三)。董清主任因运河村战国墓考古报道成绩突出,被淮安市

图一一二　中央电视台进行考古现场直播

图一一三　新闻记者进行现场采访

委、市政府评为"2004年淮安十大新闻奖"。《淮海商报》记者谭长谷,从发掘第一天起到棺椁起吊的最后一天,始终坚持来工地跟踪采访。他全面掌握发掘动态,及时了解遗迹情况。他登椁顶,钻回廊,抢拍一张张文物清理照片,撰写出一篇篇考古报道文章,率先在《文明》杂志上以图文并茂的形式发表了《运河村战国楚墓》考古通讯。谭长谷记者对文物保护与考古发现十分关注,自1998年淮河入海水道工程建设起,他就时常跟随考古队,把镜头聚焦在保护历史文化遗产方面,拍下了许多重要的考古场景。先后报道了淮河入海水道苏刘新石器时代遗址、宁淮高速公路盱眙华塘商周遗址、东阳小云西汉陈婴家族墓、淮安漕运总署遗址等重要考古发现。他还只身一个深入盗墓猖獗的盱眙东阳村调查取证,撰写了《东阳古墓在哭泣》报道,在《人民日报》与《扬子晚报》上刊登,引起了强烈的社会反响,为打击东阳盗墓犯罪活动与保护地下古墓埋藏区做出了贡献。

　　此外,在发掘期间,苏北5市的文物局、博物馆、考古研究所等兄弟单位,也相继会集运河村发掘工地进行观摩交流,对墓葬的年代、国别以及墓主的身份问题进行探讨,促进了苏北5市文物事业的协作发展。

十八　艰　辛

　　大家知道考古是一项非常艰苦的工作。老一辈考古学家传授着这样一句话:"考古考古就要吃苦,不能吃苦就不能考古!"

　　运河村战国墓属于大型的贵族墓葬。发掘期间正值夏季,从7月初开始发掘,天气一天比一天炎热,最高气温超过了40摄氏度。墓地位于开阔的大运河北岸,四处一片空旷,没有阴凉,每天发掘都要坚持在烈日下。特别是7~8米深的坑底,不但一点风丝都没有,椁室里还散发着腐烂的臭气。为了争取时间,尽量缩短工期,考古工作者起早贪晚,不怕炎日晒,不畏风雨狂,整个墓葬发掘严格遵守《田野考古工作规程》,小心细致地清理每件器物,认真做好摄影、绘图、编号、记录、包装、起运等一系列工作(图一一四;图一一五)。为了防止细小的随葬品遗漏,考古队员双手在腐臭的淤泥中反复摸索,还用竹筐筛洗,发现了两件墓主人佩戴的玉璜。进入8月的天气,太阳更加火热,大家的脸与膀子都晒脱了皮,每人的眼角上都起了黑白相间的皱纹。天气变化无常,时常下起雷阵雨,把大家的衣裤都淋湿了,汗水

图一一四　考古队员在外藏椁进行考古测绘

图一一五　省文保专家指导发掘木雕鼓车

雨水流在一起。雨一停,考古发掘继续进行,没有一个人叫苦叫累。晚上值班也是一项十分辛苦的工作。四处杂草丛生,蚊虫袭扰,点上蚊香也无济于事,浑身上下都叮满了包,只有不时地在四肢上涂抹防虫剂。8月5日夜晚,电闪雷鸣,狂风夹着大雨倾盆而降,驻扎在河堤上的工棚处于风雨飘摇之中,随时都有被掀翻的危险。为了保护考古设备与器材,我们的考古工作者冲出帐棚,冒着危险在雷雨中打桩拉绳,雨水淋透了他们的衣衫。在发掘的过程中,还不时遇到塌土、水淹、运土难的困扰,需要大家凝心聚力去排除困难,保证发掘正常进行。运河村广大干群都称赞考古队是一支不怕晒、不怕雨、能吃苦的集体。淮安市博物馆考古队自20世纪90年代起,抓住经济建设与文物保护的良好机遇,大力开展考古调查、勘探与抢救性发掘工作,田野考古取得丰硕成果。先后完成了淮安孙徐明代家族墓、涟水妙通塔宋代地宫、入海水道周杨唐宋墓群与汉唐古井、运东村明代熊忠家族墓、苏刘新石器时代遗址、宁淮高速公路盱眙华塘新石器时代遗址与春秋墓葬、千棵柳商周遗址等30余处考古发掘项目,成为全市文化系统的一面优秀旗帜。《淮安日报》在头版以"追寻先人足迹,铁心考古探幽"的文章报道了他们的先进事迹。通过大量的田野考古工作,既锻炼和培养了我们这支考古队伍,又提高大家的专业技能,使淮安市博物馆考古与科研水平的整体实力跃居苏北5市领先位置,在全省文博界亦有很大的影响。其中王厚宇研究员是这支队伍中学术研究的佼佼者。自1991年起,他就孜孜不倦地对淮阴高庄战国墓进行了系列研究,查阅了大量的文献典籍与考古资料,潜心梳理考证。曾发表数十篇论文和研究报告。2004年发掘运河村战国墓时,正值他退休的年龄,他依然是"老骥伏枥,志在千里"。每天清晨,他总是早早地来到工地,全心投入到木雕鼓车的清理发掘工作中。他血压高,身体胖,每当烈日高照的时分,他都会汗流夹背,面红耳赤。队友们劝他到上面休息一下,他就用凉水毛巾把脸上汗水揩揩,依然蹲守在木雕鼓车前,每天傍晚他总是恋恋不舍地离开车坑。还有楚州博物馆副馆长陈锦惠同志,从事文物工作三十年,是清理发掘古墓的专家。运河村战国墓出土后,我馆聘请他来参加发掘,具体负责木雕鼓车的清理工作。他每天总是小心翼翼地起取器物,认真观察遗迹现象,与王厚宇教授细致分析车与构件的组合关系。休息时,他还对脱落的漆片纹饰进行摩本描绘,撰写考古日记。陈馆长已是50多岁的人了,身体比较瘦弱,因长年野外考古,积劳成疾。他参加运河村古墓发掘时,已是重病在身。连续一个多月的辛劳,他愈感身体不适,鼻涕常有血迹,整天低烧不退。但他始终没有告诉大家,每天忍着病痛的折磨,从早到晚坚持在椁室里清理文物,直到整个墓葬随葬器物清理完毕,他才去医院检查身体。化验结果他患上了鼻咽癌,必须住院治疗,可他的心依然留守在运河村。此后,谭长谷记者在《淮安日报》以《用生命编织的文博情缘》报道了他的感人事迹。2006年陈锦惠同志被评为"全国文物保护工作先进个人"。

十九　卫　士

在运河村考古工地,还有一支能打硬仗,吃苦耐劳的队伍,他们就是淮安市公安局水上警察支队组织的文物守卫小组。

7月7日上午8时许,清浦水警大队接市局110指令:"大运河京杭船厂附近水域,镇江工程公司在实施运河三改二工程施工中,发现一座古墓,围观群众较多,请迅速出警!"接警后,清浦大队向支队汇报,边派出人员赶赴现场,支队也立即安排治安大队民警前往现场指导做好秩序维护和保卫工作,避免古墓发生哄抢事件。当市局与支队领导得知运河村古墓是一座战国贵族墓葬时,为了保证古墓发掘工作顺利进行,确保墓中文物的安全,迅速抽调出黄建成(清浦大队大队长)、胡承荣、张富强、李家通、江海波、时德超、杨祝华、宋海林、吴小航等10人组成文物守卫小组,并迅即制定了保护方案:一是成立古墓发掘安全保卫领导小组,支队长陈耀军亲任组长,副支队长马中余任副组长,并明确马中余同志为挖掘现场治安保卫总指挥。二是抽调警力,全力以赴。支队在近期水上治安管理工作任务重,市局、支队正在组织大练兵活动,警力十分紧张的情况下,抽出10余名警力分班保卫,轮流值守,遇有紧急情况随时增强警力。三是配合文物挖掘,24小时守护。支队参加民警分成4组。每组不少于2人与考古工作者一起吃住在发掘现场。陈耀军支队长要求参加民警必须做到三个确保:一是确保古墓发掘工作顺利进行;二是确保发掘出的文物不发生盗抢问题;三是确保发掘现场秩序稳定,不发生人员挤踏伤亡事故。在水警支队领导的精心研制下,古墓发掘工地井然有序。发掘现场拉起了警戒线,将发掘中心区域隔离,禁止无关人员进入。所有发掘人员与民工以及记者全部持证上岗,配带标志,有效防止无关人员趁乱混入,影响发掘,危及文物安全。由于每日围观群众很多,又停留时间较长,为防止发生突发事件,支队还成立了应急小分队,与文物发掘人员密切配合,互通信息,发现问题苗头及时处置。为了夜间防盗,还在墓坑周围安装监控设备,全程监控,做到了人防与技防并举。执勤的民警还主动向群众宣传保护文物的重要性,不厌其烦地提示围观群众注意自身安全,不要拥挤,扶好老人,看护好孩子,避免因挤压从10余米高处坠落。由于安全防范措施到位,发掘现场治安秩序一直保持平稳,无一伤亡事故发生,保证了古墓发掘有序进行和出土文物的安全。能取得以上的工作成效是与全体民警恪敬职守和无私奉献分不开的。他们与考古工作者携手并肩,同甘共苦,风雨同舟,在持续高温的天气里,在赤日炎炎的炙烤下保护文物安全的责任心始终不渝。近1个月的时间里,有2名民警因长时间曝晒而中暑,1名同志因内分泌系统失调,造成肠胃功能紊

图一一六　水警支队文物守卫小组

图一一七　市委书记丁解民来工地慰问

乱，但没有一人提出撤离，没有一个要求重新换人。民警李家通为有幸参加罕见大型古墓的现场保卫而自豪。从7月7日古墓惊现的第一天起，他就与考古工作者风餐露宿在大堤上，不顾蚊叮虫咬，不怕夜风晨露。他家在邳州，家属生病也无暇顾及，一直坚守在发掘第一线。在围观群众出现高峰的时候，他来回不停地在大堤上巡视，时时提醒群众注意安全，劝阻擅自越过警戒的闲散人员。就这样他在运河村考古工地整整坚守了40天，直到墓葬发掘结束他才回家探望。在发掘运河村战国墓的同时，在墓地东侧200米处的护堤工段又出现3座古墓，部分随葬器物被哄抢。正在值班的民警江海波同志立马前去追缴，通过法治宣传，让哄抢者终于交出了藏匿古物。经鉴定，其中一件明代龙泉窑刻花碗属于国家二级文物。7月26日，淮安市委书记丁解民在发掘现场看着汗流夹背的水上公安民警，激情地对陈耀军支队长说："你带出一支能打硬仗，吃苦耐劳的队伍，感谢你们为保证千年古墓的安全和

正常的发掘秩序，作出的巨大贡献"（图一一六；图一一七）。发掘期间，淮安市博物馆向水警支队赠送一幅书法横匾，上面写着："文物安全的守护神，历史文化名城建设的忠诚卫士！"2010年淮安市公安局因运河村考古发掘文物安全保护典型事迹，被江苏省文物局评比为首届田野考古的"安全保障奖"。

二十　关　怀

　　运河村战国墓考古发掘得到了淮安市委、市政府的高度重视，四套班子领导在百忙中安排时间，前来考古工地进行视察和慰问。淮安市文物局把此项工作当着头等大事来抓，要求各市直文化机关和部门全力支持市博物馆古墓发掘工作。没有工棚，就从楚州民政局调运5顶抗洪救灾的帐棚；缺少值勤人员，就从局机关与清河、清浦文化部门调集精兵强将；车辆不足，就从市直文化各单位调配。局长郑泽云与副局长张谨亲自挂帅，每值发掘工作处于关键时刻都要赶到工地坐阵指挥，为考古队排忧解难，确保发掘工作顺利进行。

　　7月19日下午，淮安市委常委宣传部部长刘希平率先来到运河村考古工地，她细心地听取了市文物局与市博物馆领导的汇报，上下察看了发掘现场，对运河村古墓发掘前期工作非常满意。她还询问考古队有什么困难和问题，提醒大家要注意安全（图一一八）。

图一一八　刘希平部长来工地视察

　　7月20日下午，中共淮安市委常委、淮阴军分区司令员朱小帆等军分区首长也莅临运河墓地，他们对淮安市区发现如此大的贵族墓葬十分惊奇并提出淮安战国时期的政治格局与重要的军事战争问题（图一一九）。

　　7月22日下午5时许，淮安市委书记丁解民、市委常委秘书长陈洪玉、市委常委宣传部部长刘希平、副市长陆长苏等领导来到运河村发掘现场，慰问正在进行清理发掘的考古工作者与安全保卫执勤的民警。一到工地，他们就上前同沾满泥浆的考古工作者握手，刘部长与陆市长还为大家揩汗、扇风，充满了体贴与关爱。考古现场发掘主持人尹增淮向各位

图一一九　朱小帆司令员来工地视察

图一二〇　丁解民书记来工地视察

图一二一　李继平市长来工地视察

图一二二　市人大副主任范学恕来工地视察

领导介绍了墓葬的形制、椁室的结构以及随葬器物的分布情况。丁解民书记指着外藏椁正在清理的马车问："这是一辆什么车?"主持人回答说："这是一辆结构完整的木雕鼓车,你们看这车轮旁边还有一杆建鼓,是墓主人生前指挥打仗乘坐的鼓车。《左传·曹刿论战》中有'一鼓作气,再而衰,三而竭'的话。这辆马车的车厢板雕刻了许多细小龙纹,所以我们就称它是'木雕鼓车'。"丁书记听了非常高兴,临别时拉着尹增淮的手说:"老尹呀!感谢你为淮安考古做出了贡献,你要带好这支队伍,做好传、帮、带工作。"丁书记的话更加鼓舞了考古工作者的斗志。当天晚上收工后,市委、市政府还在锦华酒家设宴向考古工作者与执勤民警表示感谢。刘部长与陆市长频频举杯,向大家敬酒,赞扬同志们是淮安历史文化事业的开拓者、保护神(图一二〇)。

7月26日下午,市委副书记、市长李继平等领导来到考古工地。他不顾墓葬北壁坍塌的危险,围绕墓坑四周仔细观看,认真取听发掘情况介绍。看到大家战高温斗、酷暑,衣裤被汗水浸透,深有感触地说:"在这样的高温天气,你们不辞辛劳,抢救历史文物,你们辛苦了。"他还要求考古工作者与公安干警注意防暑降温,千万不能发生伤亡事故(图一二一)。

7月27日下午,淮安市人大副主任范学恕等领导来到考古工地进行慰问,他们送来了大量的西瓜、饮料、香皂和毛巾,还给大家捎了一些防暑降温的药品。考古工作者、公安民警、发掘民工在疲劳干渴的时刻,吃到甜蜜的大西瓜心里充满了喜悦(图一二二)。

　　7月29日下午,淮安市交通局局长唐道伦陪同江苏省交通厅航道局局长王元春等来到古墓发掘现场,详细了解了古墓发掘的进展情况。就工程建设和文物保护及考古经费问题与考古队进行协商。双方本着"两有利"与"双兼顾"的原则达成了工作协议,保证考古发掘与工程建设顺利进行(图一二三)。

　　在发掘期间,时任江苏省文物局副局长龚良、博物馆处副处长姚建平、南京博物院考古研究所所长张敏、副所长林留根等,曾多次来工地考察,对墓葬的科学发掘与文物保护及课题研究等问题提出了许多指导性意见(图一二四;图一二五;图一二六)。

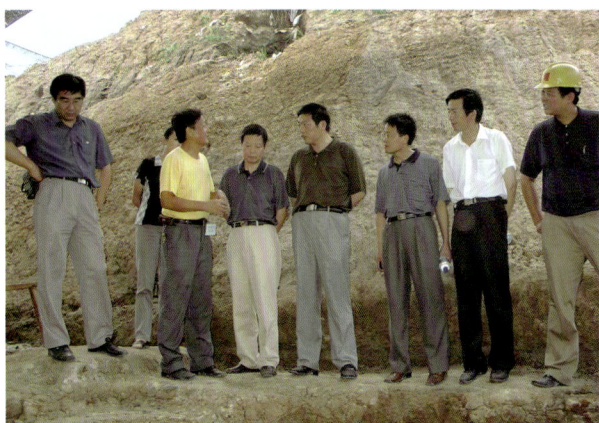

图一二三　省市交通局领导来工地视察

图一二四　省考古专家指导发掘工作

图一二五　省文物局领导与专家来工地考察

图一二六　省文保专家指导发掘工作

二十一　年代与国别

运河村墓的年代确定在战国时期,主要是根据墓葬的形制与随葬器物的特征。

首先,根据墓葬的封土。运河村墓有高大的坟丘,属于冢型墓。查阅历史文献的记载,中国古时的埋葬之法本来是没有坟丘的。《周易·系辞》云:"古之葬者,厚衣之以薪,葬之中野,不封不树,丧期无数。"从全国各地现存的冢墓,经考古发掘确定年代最早的属春秋战国之际;而作为普遍的社会现象,是从战国早、中期开始的。在淮安境内,迄今没有发现春秋以前的冢墓,所经考古发掘最早的冢墓是战国时期,例如清浦区武墩墓与盱眙县徐墩墓等。而大量的冢墩墓多数属于西汉时期,像涟水三里墩、东阳大云山、小云山、老虎山古墓群、清浦区普墩等。涟水境内分布的西汉贵族冢墓也比较丰富。以1949年建国以来的文物普查资料证明,淮安最早的冢型墓主要集中在淮安市区南郊一带(包括淮阴区码头镇)。

其二,根据墓葬的棺椁制度。竖穴土坑,多重木椁套合,椁室四周封闭青(白)膏泥,与邻近的高庄战国墓形制相同。这种形制的土坑木椁墓在江苏境内多流行于战国时期,一直延续到西汉。

其三,根据墓葬内的随葬器物。所陪葬的印纹硬陶小钵、夹砂灰陶鬲、绳纹红陶罐、黑陶高柄豆、兽形玉璜以及车马器等都具有战国时期的器物特征。

确认了运河村墓为战国时期的墓葬后,再进一步考证墓葬属于战国时期哪个历史阶段。这不但涉及到墓葬的相对年代问题,而且也涉及到墓葬的国别问题。战国历史250多年,参照万国鼎编撰、万期年与陈梦家补订的《中国历史纪年表·两周诸侯存亡表》界定:公元前473年(周元王三年)越灭吴,公元前333(周显王三十六年)楚灭越,公元前223年(秦王政二十四年)秦灭楚。结合淮安地方志记载,可以划定淮安在战国早中期隶属于越国,战国中晚之际以后属于楚国。运河村战国墓早期被盗惨重,没有发现可供断代的铭文资料,根据现有的实物资料,对该墓的年代与国别问题有两种观点:一种认为属于战国中期越国的墓葬;另一种认为属于战国中晚之交楚国的墓葬。

持前一种观点主要对照了高庄战国墓的研究资料。首先,从墓葬形制上讲,二墓在墓向、殉人、殉狗腰坑、独木棺等方面都惊人的一致。其次,二墓在墓坑布局上皆是木椁偏北一隅,其南是器物坑或车马坑;而不同于中原和楚墓中木椁居中的布局。第三,二墓都是在墓坑西南角摆放殉人和牛、羊、猪等牺牲品,使殉人都具有人牲的性质。从随葬器物上讲,出土的陶器和漆木器亦有和高庄墓相同之特征,反映了楚、越、徐三种文化的交流和融合。如出土的陶鬲是典型的楚式鬲,和长沙浏域桥M1和江陵雨台山楚墓的鬲最为接近;出土的黑陶杯、黑陶豆等黑陶器,和浙江绍兴凤凰山、绍兴漓渚的同类器雷同;出土的印纹硬陶罐(钵)亦是典型的南方越文化器物。残存的铜鼎足,其鼎应是球腹式蹄足鼎,同于高庄墓的Ⅲ式鼎;出土的木雕鼓车上的蟠螭纹,和高庄墓青铜器上的主题纹饰相同;出土的车舆饰件,亦有相通之处等。

　　持后一种观点认为:运河村战国墓在墓葬形制上具有浓厚的楚墓特点,如墓口上堆筑高大的封冢,开挖斜长的墓道,并进行分层夯筑。而高庄战国墓墓口上没有坟冢。四层套合式的棺椁结构,墓坑与坑口填封白膏泥,墓内使用竹席殓葬等。这些形制特征与湖北江陵天星观一号墓相似,后者的下葬年代在公元前340年前后,即楚宣王或威王时期。在墓向与葬式方面也反映出楚国贵族墓葬作东西向(头向东);葬式主要为仰身直肢葬等特点。淮安市博物馆在1997年12月发掘的盱眙县黄花塘徐墩是典型的楚式木椁墓,时代晚于运河村墓,属于战国晚期的贵族冢墓(相当于“士”阶层)。其墓道亦是东西向,设四级生土台阶,每层台阶及椁室四周都封闭白膏泥,并加以夯筑,棺椁上复盖一层竹席。这些建造方法与运河村相同。战国在中晚之际,越文化开始走向衰亡,这与楚的东渐有关。因而,在越国原统治的北方疆域受到楚文化的影响就更为明显。从随葬器物看,运河村墓出土的陶器中不见原始瓷器,仅发现个别印纹硬陶小钵残片,其麻布纹饰并附一对贯耳,已是越文化晚期的产物,缺乏高庄墓随葬大量富有越文化特征的器物。出土的楚式鬲及以其为主构成的鬲、盂(钵)、罐、豆陶器组合,与楚中期的陶器组合相一致,其中的鬲、豆与楚文化同类器完全相同。如出土的3件夹砂陶鬲为锥形高足(实足根部已具有楚晚期高柱形特征);4件黑陶豆为浅盘高柄,它们分别与江陵雨台山楚墓第四期的B型鬲和第五期的Ⅲ式豆相似,后者属战国中期。此外,出土的编钟支架、漆绘木雁以及漆器上花纹图案和装饰金箔等工艺都具有楚文化的特征。所见的车舆铜饰件,虽然在形制、尺寸、纹饰上与高庄墓同类器都有不少相似之处,但在铜质、铜色及纹饰的精致程度方面已明显逊色于前者,显示出青铜文化的衰落与变异。再从历史文献分析,淮安及苏北运河以东地区在楚威王时(公元前339年至公元前328年)已归属楚国。《史记·越王勾践世家》载:“楚威王兴兵而伐之,大败越,杀王无疆,尽取故吴地至浙江,北破齐于徐州。而越以此散,诸侯子争立,或为王,或为君,滨于江南海上,服朝于楚。”其实在此之前,越国在北方的政治势力已经退缩。参阅毛颖、张敏著《长江下游的徐舒与吴越》一书。勾践后,越国在王朱句时曾一度称强,相继灭滕、灭郯、伐齐,王翳时灭缯,但此后则内乱不止而国势渐颓,以致在北方难以立足,于是在王翳三十三年(公元前379年),于越迁于吴。越经过楚威王七年(公元前333年)或更早时期楚的打击,在江淮地区已退至广陵以东的沿海地带。以此推断,运河村墓的年代大约在战国中晚期之交,上限不超过楚威王时期。

二十二 墓主身份与族属

虽然运河村战国墓随葬的青铜礼乐器被窃干净,能直接反映墓主身份的器物不存,但从墓葬的形制规模、棺椁制度以及残存的器物,仍然可以考证出墓主人的身份。首先从墓葬形制规模来看,该墓堆筑有高大的土冢,高在8米以上,底径约50米,这显然属高级贵族的冢墓,《礼记·礼器》云:"有以大为贵者,宫室之量,器皿之度,棺椁之厚,丘封之大,此以大为贵也。"《吕氏春秋·安死》又云:丘垄的"高大若山"是为了"示富"。由此说明,坟丘越大墓主的地位越高。该墓东部开有斜长的墓道亦是贵族地位的标志。其

图一二七 运河村战国墓发掘场景

二,该墓的棺椁制度为三椁一棺,或称一椁三棺。《荀子·礼论》载:"天子棺椁七重,诸侯五重,大夫三重,士再重。"楚墓考古学家彭浩先生考释为:"庶人用单棺,士用一椁一棺,下大夫用一椁二棺,封君用一椁三棺。"据此,运河村墓主人的地位当在封君之列。与同期同类楚墓对比,江陵天星观一号墓葬具是一椁三棺,椁长8.2、宽7.5、高3.16米,墓主是楚国的封君;江陵望山二号墓也使用一椁三棺,但椁室规模较小,椁长5.08、宽2.96、高2.5米,墓主身份相当于下大夫;而运河村墓椁室小于天星观一号墓,又大于望山二墓,完全可以确定墓主身份不会低于下大夫。其三,该墓正藏椁回廊间出土两套木质编钟和编磬支架。根据文献记载,凡使用乐器,天子用编钟四套,诸侯三套,大夫二套,士一套。《周礼·春宫·小胥》:"正乐悬之位,王宫悬,诸侯

轩悬,卿大夫判悬。"郑玄注:"乐悬,谓钟磬之属,悬于簨虡者。"郑司农云:"宫悬,四面悬;轩悬,去其一面;判悬,又去其一面;特悬,又去其一面。"其四,该墓随葬了一辆完整的马车,其车室内又配有三套车害,显示出墓主有高贵的地位。《战国策·冯谖客孟尝君》歌曰:"长铗归来乎,食无鱼;长铗归来乎,出无车!"说明没有一定身份地位的人,出行是不可以乘车的。该墓出土的木雕鼓车属于贵族使用的小车,此车装饰华丽,结构先进,制作十分考究,既是墓主指挥作战的乘舆,又是外出礼仪身份的象征。据以上四点考证,运河村墓主身份应属大夫一级的贵族官吏(图一二七;图一二八)。

关于族属问题可以从墓葬的安葬习俗、殉人与殉牲以及随葬器物等方面作探讨。从安葬习俗来看,运河村战国墓保持着东夷民族传统的礼义,最具标志性的特征就是在主棺的中心底部设置殉狗腰坑。1988年4月,南京博物院和淮阴市博物馆第二次发掘沭阳万北遗址时,曾发掘一座商代中期土坑墓(编号M10),

图一二八　正藏椁三层底板结构

墓主人遗骸下就发现了一个殉狗的腰坑,说明苏北地区殉狗之风历史悠久。在墓葬布局方面,运河村战国墓与高庄墓正棺室都是位于北侧,其南是器物坑或车坑,头向东部。2003年11月淮安市博物馆在淮宁高速盱眙黄花塘镇华塘村,曾发掘两座春秋时期的土坑竖穴墓(属夫妻同茔异穴墓),墓坑分布情况亦是棺具居北,随葬器物坑居南,头向居东。从殉人与殉牲情况看,运河村墓共殉11人,相邻的高庄墓亦发现14个人骨架,其中13人应是殉葬者(其中1个应是墓主人的骨骸被盗掘者扰乱)。前面说到的沭阳万北遗址商代M10,在二层台上亦殉葬一女性。这些殉人现象在鲁南、苏北地区发掘的东周贵族墓葬普遍存在。淮安位于淮泗流域下游,属于东夷地区的淮夷部族,是淮夷政治经济的中心区域。从淮安市区南郊发掘的这两座殉人贵族墓葬看,淮安在战国中期的时候仍沿袭着东夷民族的殉人习俗。至战国晚期楚国中心东移后,这一地区的殉人现象才被木俑取代。在1997年12月发掘的盱眙徐墩楚国贵族墓中,出现了以木俑陪葬,预示着淮安奴隶制殉人制度的式微。在运河村墓中还发现了大量的动物骨骼,鉴定为牛、羊、猪的肢骨,这种以"三牲"殉葬的形式,也是东夷地区流行的丧葬礼俗。再从随葬的陶器类型来看,运河村墓出土的陶器以罐类器为主,大部分为泥质红陶罐,均饰间断绳纹,这种竖向绳纹与间断弦纹相组合的形制,从淮安地区商周遗址出土的罐形器已属常见。红陶质多于灰陶质,黑陶次之也是洪泽湖周围两周时期陶器的特征。在淮安市区南郊一带发掘的战国贵族墓葬,不论墓内有无印纹硬陶或原始瓷器,但出土的泥质陶罐都是以绳纹红陶罐为主。高庄战国墓也出土了大量的泥质红陶罐,限于当时的工作条件,没有进行细致的修复与整理。淮阴区甘罗城遗址散见大量的绳纹陶片,依然是绳纹红陶多于灰陶。还有出土的铜车䡇与高庄墓Ⅱ式䡇及武墩乡砖窑厂出土的同类器相同,这种形制的车䡇在沭阳县茆圩乡厚丘郯子国夷人墓葬中亦出土过,其形制与楚、越车䡇迥然不同。这些地域性文化特征在墓葬断代与族属考证上应占主导地位。我们这里说的地域文化就是指淮夷原有的土著文化。众所周知,淮安在秦并六国统一中国前,仍存在着淮夷部族的地方势力。从春秋晚期至战国时代,淮夷人一直苟且于吴、越、楚等诸侯大国之间,守望着自己这片故土,世代传承淮夷部落古老的文明。这里的地方首领虽然归属于列强大国,并受封加爵,但他们依然保持自己的族属文化,这些生活习惯在丧葬制度上也同样会打上烙印。王厚宇研究员在《试谈淮阴高庄墓的年代、国别、族属》一文中,对淮安在战国时期的族属问题及越与淮夷的文化关系,作了比较全面的分析。据《后汉书·东夷列传》记载:"秦并六国,其淮、泗夷皆散为民户。"这说明直到秦完成全国统一后,淮夷部族才和华夏族完全融合。由此推断,运河村战国墓也可能就是楚国属下的淮夷贵族后裔或地方首领。

二十三 尾 声

　　运河村战国墓清理发掘工作至9月7日全部结束。根据棺椁保存的完整现状与运河村战国墓的历史价值,经市文化局及馆领导与考古专家研究决定,将所有棺椁木板运回收藏,拟定在市博物馆三楼展厅进行复原陈列。听到市博物馆明天要起棺了,村上的老人们剩着夜晚前来墓地焚香烧纸;还有群众代表要求易地重新建坟,树立"公公墩"的墓碑,这是人们对历史遗迹的眷恋。为尽快恢复施工建设,9月8日一早考古队就租用大型吊车与重载货车开始起运棺椁葬具。起吊前先按棺椁不同位置进行编号标记。在起吊过程中,发现整体棺室结构牢固,层层椁板相扣严密,垒砌规整。先拆除四壁椁板,随后起吊两具陪葬棺。此时,椁室中心只留下墓主人一具独木棺了。远处望去,高大的棺椁岿然屹立,除棺盖留下盗洞外,整个棺体完好无损(图一二九)。因棺具非常沉重,只有将棺盖与棺身分开起吊。墓主的棺具吊完后,三层厚实的棺底板全部呈现出来。在前面清理正藏椁时,考古工作者曾对墓主人棺具下的三层底板抱有一点"奢想",希望能在三层椁板下出现暗室,随葬一些珍贵的器物。当上两层底板起吊完毕后,大家的希望还是落空了。最底一层椁板由12根巨型木料拼合而成,每根木料都涂髹黑漆,保存的十分完好,一点都没有腐烂,每根底板就像刚安葬的一样。整个底板东西长6.6米,南北宽4.5米,高0.3米。12根底板起吊后,暴露出2根南北向枕木,平面弧底,每根长5.7、宽0.32、厚0.16米,二者间距2.92米(图一三○)。两根枕木中间发现一个腰坑,东西长1.2、南北宽0.45、深0.3米。腰坑内殉狗一只,似条猎犬,犬骨完整,长

图一二九 墓主人巨大的独木棺具

图一三○ 三层底板下的两根枕木

图一三一　腰坑内发现狗的遗骨

75厘米,宽42厘米,后肢弯屈,头向东,侧体面北(图一三一)。清理完殉狗的腰坑,整个运河村考古发掘才算划上句号。民工们收拾完工具跟随考古队长爬上了墓坑,刚到大堤上只听见"轰隆"几声巨响,近5米高的北壁倒塌下来,把大半个墓坑填埋了一半,这可把大家惊吓出一身冷汗。如果我们正在起吊底板时发生如此的塌方,估计非死伤人员不可。大家感到太幸运了。有的民工说:"这是你们积的德,早晨在吊棺前放了鞭炮,又把所有死者遗骸与动物骨头包装运回,没有抛骨荒野,感动了神灵。"民工说的是玩笑话,根本没有因果关系。我们为什么起棺放鞭炮?是依照民间的传统风俗,提倡以人为本的理念; 收取人骨与动物骨骼是为了考古研究和今后复原陈列提供实物资料。说到此,又使我们想到在拆除棺椁的头一天傍晚,大家站在大堤高处,凝望着运河村这座沉睡了两千几百年的历史建筑,宛如一幅壮丽的艺术画卷。从7月7日到9月7日,经历了整整63天,考古人在这栉风沐雨、烈阳炙烤的日日夜夜,把汗水挥洒在古墓上,与古墓结下了深厚的情感,明天就要拆除了,从心里来讲是难以割舍。此刻夕阳西下,红云浮动,大运河来往的船舶已停锚靠岸,四处一片寂静。忽然,从西边飞来一只高大的白鹭,停栖在古墓椁室顶端,仰颈鸣叫。我们正想取出照机拍下这个神话般的情景,可惜白鹭展翅掠墓道向东飞去,消逝在远处的暮霭中,给我们留下了无限的遐想。

图一三二　专业人员对木雕鼓车作复原研究

图一三三 考古人员对人骨架进行性别与年龄鉴定

图一三四 考古人员在绘制器物图

图一三五 对独木棺具进行"三防"保护

图一三六　技工在修复随葬陶器

图一三七　运河村战国墓棺椁形制复原陈列

图一三八　木雕鼓车保护修复项目验收会

图一三九　木雕鼓车修复陈列专家评审

图一四○　运河村战国墓获省田野考古优秀成果奖

表一　运河村战国墓出土器物登记表

单位:件

器物类别	名称	数量	尺寸(cm)	保存现状	备注
陶器	黑陶豆	1	口径14.8、高22.7	复原	
	黑陶豆	1	口径15、高22	复原	
	黑陶豆	1	口径15、高24	复原	
	黑陶豆	1	口径14.4、高22	复原	
	灰陶钵	1	口径6.6、高5.5	复原	
	灰陶钵	1	口径13、高6	完整	
	灰陶钵	1	口径12、高5.5	复原	
	红陶罐	1	口径24、高42	复原	
	红陶罐	1	口径23、高41	复原	
	红陶罐	1	口径20、高27.4	复原	
	红陶罐	1	口径20、高27	复原	
	红陶罐	1	口径20.5、高27	复原	
	灰陶罐	1	口径19.6、高20	复原	
	灰陶罐	1	口径19、高22	复原	
	陶罐	1	口径21、高21.6	复原	
	陶罐	1	口径20.5、高22.5	复原	
	陶罐	2	不详	残缺	
	圜底灰陶罐	1	口径8、高22	复原	
	夹砂灰陶鬲	1	口径20.4、高17.6	复原	
	夹砂灰陶鬲	1	口径20.4、高18.8	复原	
	夹砂灰陶鬲	1	口径20、高18	复原	
	黑陶杯	1	口径8.4、高9.2	完整	
铜器	衡末饰件	1	长13.3、中宽2	完整	
	害辖	2	口径3.5、长7	完整	
	害辖	2	口径4.4、长7	完整	

续表

铜器	害辖	2	口径4.7、长7.1	完整	
	鼎足	1	高15.2	根部残缺	
	铺首衔环	2	长13.5、宽7.2、外径6	完整	
	衔环	2	长7.2、外径6.7	完整	
	柱首饰	7	长17.7、管径3	完好	
	达常	1	长14.5、口径4	有绣孔	
	达常	1	长14.5、口径4	残破	
	钩	4	上长5.4、下长5.5	完好	
	车钉	1	齿外径10.3、内径3.6、长3.5	缺一齿	
	车钉	1	齿外径10.3、长3.5	锈残	
	插栓	2	底宽3、高1.4	锈残	
	軦饰	1	残长22.8、末端宽5、高5	残	
	钮	12	长2.5~3、孔径0.5	完整	
	包角形饰	2	长7.4、宽2.3	完整	
	龙形饰	6	长4、宽3.5	完整	
铁器	铁钁	1	长14、刃宽5.6	完整	似盗墓工具
	铁钁	1	长8.8、刃宽3.8	完整	似盗墓工具
	铁锸	1	长10、刃宽9.4	锈残	
玉石器	青玉璜	2	长11.5、宽3、厚0.5	完整	
	墨玉璜	1	长8、宽1.8、厚0.5	完整	
	大砺石	1	长16、宽7、脊厚2.7	完整	似盗墓工具
	小砺石	1	长7、宽5.5、脊厚3.5	完整	似盗墓工具
木雕鼓车构件与其它漆木器	轮与毂	2	轮径94；毂长38、径16	复原	
	轴与伏兔	1	轴长194、中部宽5.4；伏兔长25、宽5	复原	
	辀	1	长约295	复原	
	轸	1	长约110、宽约100	复原	
	衡	1	长135、径3	复原	
	前轸框	1	长138、中部宽28、厚8.5	复原	
	前轸板	1	长142.5、宽44、厚3	复原	

续表

木雕鼓车构件与其他漆木器	左右厢板	2	长135、宽37、厚2.5	复原	
	长条形厢板	2	长106、中部宽17、厚2	复原	
	方板	4	边长22、高3.5	完整	
	桄	1	残长81、截面2.5×2.5	复原	
	桄	1	残长58、截面2.5×2.5	复原	
	轵	若干	残长17~130、截面3×1.5	复原	
	车厢板	1	长56、宽14、厚1	复原	
	车厢板	1	长57、宽19、厚1	复原	
	车厢板	1	残长32、宽14、厚1.5	复原	
	车厢板	1	长25.5、宽3、厚2	复原	
	彩绘藤条	若干	宽1~1.3、厚0.5~0.7	长短不一	
	建鼓	1	长56、口径26、腹径46	复原	
	鼓座	2	其一长137、高24、宽7	复原	
	竹杆	1	长292、径6	完整	
	编钟木架	1	长224、高108	复原	
	编钟木架	1	不详	残缺不全	
	彩绘木雁	2	长48、中部宽28、高18	首尾破损	
	漆盒	1	长13、宽5	缺盖	
	挂钩	1	长13、尾部1.9×4、厚05~1	完整	
	挂钩	1	长14、尾部2.5×6、厚0.8·1	完整	
骨器	扣饰	11	长6~7.7、宽2.1、高1.8~2.2	完整	

表二　运河村战国墓人骨架统计表

编号	头向	安葬位置	葬具	葬式	性别	年龄	人骨架保存情况																							备注
							颅骨	面骨	牙齿	颈椎	胸椎	腰椎	骶骨	尾骨	肋骨	胸骨	锁骨	肩胛	肱骨	尺骨	桡骨	手骨	髋骨	骨盆	股骨	髌骨	胫骨	腓骨	足骨	
1	东	正藏椁内层椁中心	独木棺	仰身直肢	男	中年（45岁左右）	完整	完整	13	若干	若干				若干				2	2	2	5		残破		1	2	1	5	墓主人
2	东	正藏椁南回廊东侧	独木棺	仰身直肢	女	中年	完整	残破	15								1	1		1		5			2		2	1		殉葬者
3	西	正藏椁南回廊西侧	无	仰身直肢	女	青年	略残		7	2	4	3	1		5	3						5			2		1		2	殉葬者
4	西	同上并列	无	仰身直肢	女	壮年	完整		7			若干	1						1	1	2	7	残缺	完整	2	1	1	2	3	殉葬者
5	北	正藏椁西回廊	无	仰身直肢	女	壮年	残破		1		1	1	1						1	2	1	2		残缺	1		1	1		殉葬者
6	东	正藏椁北回廊	无	仰身直肢	女	壮年	残破	残破		若干	若干				若干				2			6		残缺			1	1	1	殉葬者
7	北	正藏椁外西侧	独木棺	仰身直肢	女	青年	完整	完整	完整	完整	完整	完整	完整	完整	完整	完整	完整	完整	完整	完整	完整	完整	完整	完整	完整	完整	完整	完整	完整	殉葬者
8	东	外藏椁东室北侧	独木棺	仰身直肢	女	青年（约15岁）	残破		25	1									2					残破	2	1	1	1		殉葬者
9	东	外藏椁东室南侧	无	仰身直肢	男	青年（约20岁）	残破	残破	20		若干	若干			若干	若干	2	1	1	1	1	4	残缺		2	2	1	1		殉葬者
10	北	外藏椁西室北侧	无	屈肢	女	青年	略残		6	2	2	1			少量					2		1	残缺		2		2	1		殉葬者
11	北	同上并列	无	仰身直肢	女	壮年	残破	残破	6	1	11	4			11	2		2	2		2	7		残缺	2	1	1	2	1	殉葬者
12	北	陪葬坑北侧	无	屈肢	女	壮年	残破	残破	完整	若干							1		1	2	1	8			2		1	2		殉葬者

年龄分期标准：少年期7~14岁、青年期15~23岁、壮年期24~35、中年期36~55岁。

运河村战国楚墓

谭长谷　孙玉军　王　剑

2004年7月7日,在江苏淮安京杭大运河北岸,惊现一座战国古墓——"运河村战国墓"。这是江苏省建国以来规模最大、结构最为奇特的战国墓葬。战国时期楚国神秘的墓葬形制由此悄然揭开……

大运河边惊现古墓一角

2004年7月7日清晨,京杭大运河一如平常静静地流淌着。此时,在江苏省淮安市清浦区清安乡运河村境内,大运河两淮段三改二航道整治工程工地上,一名叫周学士的挖掘机驾驶员正在进行取土作业。掘到距地表10米左右深度时,突然,铲斗下的黄色土层变成了灰黑色。再往下挖,一块块棺木板和陶罐露出……

周学士做梦也没想到,江苏省建国以来规模最大、结构最为奇特的战国时期楚国墓葬的神秘面纱被他悄然揭开了。

8点15分,施工单位迅速将这一发现报告当地公安部门。当地公安局部门接警后,立即赶至现场设置警戒线,对古墓实施保护。考古工作人员也及时赶到工地,对古墓的形制和挖掘出的部分陶器进行鉴定……

上午9时许,古墓的一角已"显山露水",黑色的外椁一角有被挖掘机损破的痕迹,主墓室南侧的陪葬坑已被挖开,不少陪葬陶器已遭损坏。考古人员在现场抢救出彩绘陶壶两只,彩绘陶鼎两只及彩绘陶盘一只,还有一些遭毁的绳纹陶罐残片。

战国墓葬南边距泊岸北沿仅1米,如果泊岸位置再南移一点点,这座沉睡于地下2000多年的战国古墓也许将永沉堤岸深土之中。

罕见的战国墓形制

7月8日上午,古墓葬抢救性发掘工作正式开始。

为探明古墓的规模和结构,考古人员决定先对古墓北侧封土进行剖面勘测。经过一天的探查,淮安市博物馆考古部主任尹增淮根据古墓北侧封土剖面分析:古墓为土坑竖穴木椁墓,古墓墓冢高大、形制宏伟、封土高筑、分层夯土。从古墓北缘的封土来看,这座古墓在当时就已距地表4~5米。1958年整治京杭大运河,堆在北岸的泥土都没有把墓墩盖住。从墓葬的形制上来看,这座古墓可能是一座战国墓,墓主人在当时有着显赫的地位。

7月9日下午,考古人员和40余名民工经过发掘,在墓坑东侧发现了用来封棺的白膏泥,并寻找到未被破坏、呈斜坡状具有楚墓风格的墓道。

经过3天的挖掘,墓葬的形制基本显现:运河村战国墓为一座土坑竖穴木椁墓,带斜长坡墓道,墓向112&ordm,墓坑为长方形竖穴土坑,坑口弧收与墓道相接,墓口东西长9.7米、南北宽约8.5米,墓坑口大底小,坑壁规整平滑。墓室东侧的墓口亦已清理完毕,一条圆弧状的墓口显现。楚墓墓口多以见方,像这一弧形状形制结构在战国墓葬中十分罕见。如此规模的墓葬在当时非达官显贵而不能。

漆绘马车现身外藏椁

随着战国墓发掘工作的推进,考古发现惊喜不断,考古人员人员在主椁室南侧发现了一个外藏椁。7月18日考古工作者决定对其进行发掘。

那天烈日当头,考古发掘现场气温高达42℃。为了确保外藏椁发掘出的文物不受损坏,考古人员清晨5点就下至墓坑发掘清理。经过两天紧张有序的发掘,一个南北宽4.4米、东西长3.6米,又以2.2/1.8米分割成东西两个椁室,中间有木质隔梁的外藏椁展出来。

东室为车坑,陪葬有漆绘木质马车一辆,是江苏省迄今发现的惟一一辆整车随葬的战国马车。马车上有建鼓,车厢上有精美的刻纹。车轮、车辕均保存较好。考古人员清理提取出的保存完好的木制车辆及其精美饰纹,在国内都属罕见。

车坑内同时出土了铜矛、铜铲及骨质、青铜等马车饰件20余件,如辖、达常、铺首衔环等。考古人员根据出土的器物判断,木马车应该是墓主人生前所用指挥打仗的战车。木马车的发现,对研究战国时期马车的形制有着极高的参考价值和史料价值,意义非比寻常。车坑内同时还有两具车夫骨骸及2000多年前的竹席和稻谷等出土。在西室及西室外,又出土了三具殉人、一具殉葬的马骨、四件绳纹红陶罐、一件硬质印纹红陶罐、三件夹砂灰陶鬲及兽骨等物件。

三重椁彰显古墓级别

7月25日,打开主椁室的消息不胫而走。清晨6点,战国墓发掘现场的京杭大运河堤岸上,早已聚集了焦急等待的数千名群众。

揭开的主椁室长6.4米,宽4.4米,高3米,上面共有14块盖板,每块长4.8米,宽0.3~0.4米,厚0.35米,重达千斤,为整段黄杨木。上午7时20分,考古人员和40余名民工齐心协力,将这14块盖板一一拉至墓道的东侧,随即在每块盖板上贴上标签。盖板被揭开后,一个沉睡千年的木枋结构的内椁显现了出来。在外层椁与二层椁之间有一0.72米宽、南北西侧贯通的回廊。这一回廊是一种高规格的墓葬形式。回廊被淤泥掩埋。淮安市博物馆与南京博物院的考古专家对回廊内的淤泥进行了清理,并在靠东南角的回廊里发现一具木棺。外椁壁上出现了几个探洞。内椁的上部两块盖板塌陷,专家估计,该部位应该是一个盗洞。透过内椁上的盗洞,隐约可见第三重椁。与此同时,对主墓室南侧车马坑的清理接近尾声,考古人员已将木制生漆马车小心地起取出来,用湿水的海绵运装进箱。

28日,第三层椁的盖板被打开,主棺局部显现了出来。在内藏椁回廊内,考古人员发现了一只黑陶杯。陶杯高约10厘米,口径约8厘米,表面亚光,口部残破,直腹,口径小于底径,平底上有三个柱状矮足,下腹部有六道弦纹,柄把反装,造型奇特,极具现代感,不逊于今。

同时出土的还有龙型玉璜一件、漆绘木雕水鸟一对以及一件疑为炭精石所制的璜,上刻精美的谷纹。在回廊北侧,考古人员又发现了一个头盖骨和两根腿骨,这些尸骨散落在回廊内,没有棺木装放。同时起取的数根两端均有精美蟠螭纹和榫卯结构的木架,后被认定为悬挂编钟的支架。

考古专家初步鉴定,该墓属于战国时期楚国的一座墓葬。墓葬规模巨大,形制特殊,发掘出的文物精美丰富,等级极高,是江苏省内迄今为止发现的规模最大、结构最奇特的战国时楚国墓葬,墓主人应为统治一方的诸侯或有着相同地位的人物。

藤条缠身的千年丽人

主棺是整个古墓的核心部位,棺盖上部有一0.6米×0.45米的盗洞。位于古墓主椁室西侧的陪葬棺是惟一没有被盗掘的一具陪葬棺;两具棺木,一具保存完好,一具虽然被盗却是地位最高的主棺,考古人员对两具棺木寄予了厚望。

8月12日清晨6点,考古人员伴随着晨曦打开了主椁室西侧的榫卯结构的陪葬棺棺盖,只见一头盖骨漂浮在一层厚度达20厘米的黄色淤泥里。考古人员将淤泥清理出来后,一具长约1.45米的骨骸露了出来。除了头盖骨漂到棺木另一侧外,整具骨骸保存完好,还保持着当时下葬时的形态。根据骨骸的头盖骨判断,这是一年轻女性的尸骨,骨骸规整,头盖骨匀称规则,历经千年依稀可见她当时的秀丽模样。根据判断,这具女尸与墓主人同时期下葬。骨骸身上缠绕着一根藤条,藤条大约有拇指粗细,由二股细藤拧成。棺内没有发现任何的随葬物品。既然保存完好,棺内为何又没有随葬品? 考古人员分析,这具女尸有独立的陪葬棺,证明她生前与墓主人的关系密切;没有随葬物品出土,证明死者的身份地位低微。至于尸体用藤条缠绕,是古代的一种葬俗呢、还是施虐的手段呢? 专家没有定论。考古人员清理完陪葬棺后,用石膏将棺内的女尸骨固定盖上棺盖,对其进行保护。

8月13日,考古人员的目光都集中到主棺上。主棺长3.15米、宽0.90米、高1.10米,棺盖用胸径至少在1.2米的整根金彩楠木雕凿而成,重达1000多斤。考古人员用钢钎、精绳、扁担等工具将厚重的棺盖平移至西侧回廊处。打开主棺后,发现主棺内堆积了一层黄色淤泥和一层黑色填土,除了少量的肋骨、腿骨、脚骨以及一些朱砂外,棺内没有发现任何器物,罪恶的盗洞告诉人们,也许在主人下葬不久,就遭到盗贼的洗劫了。

亟待破解的神秘墓主

根据史料记载,战国时盛行厚葬,视死如生,王侯贵族死后在另一个极乐世界生活一如从前,衣食住行奢华依旧。运河村战国墓尽管早年被盗,但从出土文物来看,它仍是车马逶迤,婢妾随侍,稻谷飘香,余音绕梁,显示出一派王侯威仪。其棺椁的三重结构、殉人和陪葬的车马、编钟以及陪葬的形式,充分说明了这一点,为我们研究死者的身份与地位提供了翔实的史料,考古专家初步认为墓主人应为统治一方的诸侯或有着相同身份与地位的人物。

运河村战国墓位于淮安市清浦区清安乡运河村,正处在京杭大运河扩宽的河堤上。这一段的运河为1958年新开挖,并非古运河河道,而古运河道在此西北约4公里。古运河为隋唐时开凿,因此,运河村战国墓所在地方圆数十里的地域,当是古楚东原之地。

其西侧不远即为汉初大军事家、淮阴侯韩信的故里——码头镇。其地秦时为淮阴县治所在。夏商周时,淮安地区为淮夷、徐戎的活动范围。至西周中期徐偃王时,徐的势力逐渐强盛,成为九夷盟主,一度称雄江淮,先后有36个小国臣服于他。春秋时(公元前521年),徐被吴所灭。战国之初,越国灭吴,觊觎淮地已久的楚国,经过一段时间的争斗,又灭了越国。公元前301年,齐联秦败楚,其地一度归齐。又17年,楚复取齐所占之地。此后至秦,市境皆归楚所有,有东楚之称,辖地至广陵一带。

其南侧有韩母墓、漂母墓、清水墩、武墩等大型战国至西汉时期的古墓。1978年,在清浦区城南乡韩母墓附近还发掘了一座高庄战国墓。此墓虽早年被盗,但还是出土了文物300余件,其中有一套马车车舆铜饰件,为目前国内仅见。在码头镇的西南方向还有一个泰山墩。运河村战国墓未被发现时,其地高耸,约为八九米,有狼出没,当地老百姓称其地为公墩,也有人称为大将军墩或大将军坟,以前有一户葛姓人家在此守坟。这些资料仅供历史学家和考古专家参考,亟盼能尽早考证出墓主人的真实姓名和身份。

淮安运河村发现的战国墓,是建国以来江苏省迄今发现的规模最大、结构最为奇特的战国时期楚国墓葬。此墓发掘,对研究江淮流域战国时期的历史、人文、风俗、文化等有着十分重要的意义,也充分显示出作为历史文化名城的淮安,有着多么悠久丰富的历史和多么深厚的文化底蕴。

淮安运河村战国墓的雕刻艺术

王厚宇

我国的雕刻艺术源远流长,早在旧石器时期,生活在今北京地区的山顶洞人,就有原始的雕刻艺术。在新石器时期的考古中,浙江河姆渡文化的木雕和骨雕、辽宁红山文化的玉雕和石雕、河南裴李岗文化的陶雕和泥雕,都是精妙绝伦的雕刻艺术。商周时期,我国的青铜器盛极一时,创造了光辉灿烂的青铜艺术。春秋战国时期,由于社会制度的变革,铁工具的使用和生产力的解放,人们的思想观念从商代神圣、狞厉和西周时代肃穆、繁褥的礼制中解放出来,逐渐走向人间化、世俗化,"钟鸣鼎食"、"车马出行"成为贵族阶层的时代风尚,故乐器、车舆得到空前发展,它为民间艺术家创作才能的发挥提供了新的天地。2004年7月出土的淮安运河村战国墓是个缩影,是战国时期雕刻艺术高度繁荣的历史见证。

运河村战国墓位于京杭大运河淮安段北岸,隶属江苏省淮安市清浦区运河村。这是一座带有斜长坡墓道的竖穴土坑木椁墓,内分主椁室和车马坑。惜主椁室早年被盗,但仍有雕刻精美的编钟木支架、漆绘木雕水鸟、墨玉璜出土。车马坑内有木质马车一辆,上有9块满刻蟠螭纹的车厢板,还有12件满刻卷云纹的骨质车饰件。这些雕刻艺术品都有重要历史、科学和艺术价值,是研究古代美术、古代装饰和雕刻艺术的珍贵资料。

运河村战国墓的雕刻有木雕、骨雕、玉雕三种,其中以木雕数量最多。木雕有浮雕、圆雕、阴线刻三种技法,其中以平面浮雕最多。平面浮雕以蟠螭纹为主,变形云纹为辅。此外,还有雕刻于建鼓鼓座上的锯齿形纹饰。这种蟠螭纹饰,若龙若蛇,相互缠绕,以四方连续的形式雕刻于木质构件表面,构成了极其精细的艺术图案(附二-1)。它虬曲回旋,繁褥精细,给人以曲线美的感觉。变形云纹是云纹的组合,它二排一组,或三排一组,以条

附二-1　车厢板上的浮雕蟠螭纹

附二-2　车前装饰板

附二-3　左右辑装饰板

带形式,施之于主题纹饰四周。它和蟠螭纹巧妙配合,形成了极其精美的浮雕图案。这些浮雕图案,多刻于车厢板上和编钟编磬支架上。车厢板由前轮装饰板、左右辑装饰板和车门装饰板等9块装饰板组成,上面都有这种纹饰图案。车前装饰板是一块长142厘米、高44厘米、厚3厘米的木雕板,其表面纹饰就是这种以变形云纹为周边纹饰的蟠螭纹图案(附二-2)。左右辑装饰板是两块各长106厘米、宽16厘米、厚2厘米的木雕板,其表面纹饰也是这种图案(附二-3)。车门装饰板是一块长55厘米、宽24厘米、厚2厘米的木雕板,表面也雕刻这种图案(附二-4)。这种图案都是以蟠螭纹为主。蟠螭纹或称龙纹、交龙纹,是以蟠曲的龙为主要模拟对象,这种纹饰在春秋战国时期的比较流行,是战国青铜器的主题纹饰之一。但青铜器上的蟠螭纹多以印模法制作,其形体也相对小些。而木雕板上的蟠螭纹是工匠雕刻而成,形体尺寸较大,也自由奔放的多。故这些木雕有重要历史、艺术价值,是研究和探索蟠螭纹起源和发展的重要实物。这些木雕板多是车舆的装饰板,车舆上饰龙是中国传统文化的反映,是车主人高贵身份的标志和象征。对此,《史记·礼书》:"弥龙所以养威也",《后汉书·舆服志》:"乘舆金薄缪龙,绕之为较",都可佐证。车舆上的雕刻变形云纹也符合古代文化,人乘此车,有腾云驾雾、飞龙上天的感觉。《楚辞·九歌》:"乘龙兮辚辚,高驰兮冲天。"是其写照。编钟编磬支架由横梁和立柱组成,据古籍记载,横梁为筍,立柱为虡。此墓共出土筍三根(附二-6),虡四根(附二-7),都长在2米以上,由此而组成两幅支架。筍、虡的两端都有浮雕蟠螭纹饰(附二-5)。不过这种纹饰较之车厢板的浮雕纹饰为浅,也可能是腐朽侵蚀的缘故。筍虡上装饰蟠螭纹也符合古籍记载,如《考工记·梓人为筍、虡》中把天下之兽分为五类,并说"羸者、羽者、鳞者以为

附二-4 车前装饰板上的浮雕纹饰

附二-5 编钟支架上的浮雕蟠螭纹饰

附二-6 笱

附二-7 虡

筍、虡。"筍、虡上的蟠螭纹是以鳞类动物龙蛇为主体,正好与之相符。建鼓鼓座上的锯齿纹是为镶嵌青铜装饰件而预留,是为安装金釭式的青铜饰件而制作。

圆雕技法表现在水鸟、伏兔和虡座上,其中水鸟还施以黑底红彩的漆绘艺术。这种黑底红彩的漆绘在车舆装饰条上也有大量反映,是战国时期漆绘艺术高度发达的重要实物(附二-8)。该墓共出土水鸟两只,每只长40厘米、高30厘米左右(附二-9)。从形体分析,有可能是雁凫之类。但由于年代久远,雁凫颈部折断,致使身首异处(附二-10),但仍是不可多得的古代木雕艺术品,是研究古代圆雕艺术的珍贵文物。伏兔也是二只,每只长25厘米、宽5厘米、高7厘米,是附属于车轴的木质构件。但这两只伏兔被雕刻成卧龙形,它张口吐舌,曲颈扬尾,反向匍匐于车轴之上,雕刻精美,逼真生动,充分反映了古代高超的木雕艺术(附二-11)。虡座共四只,据其大小,分为二组,但都是半球状的木雕器物。从形制分析,此器和

附二-8 车舆装饰条上的漆绘纹饰

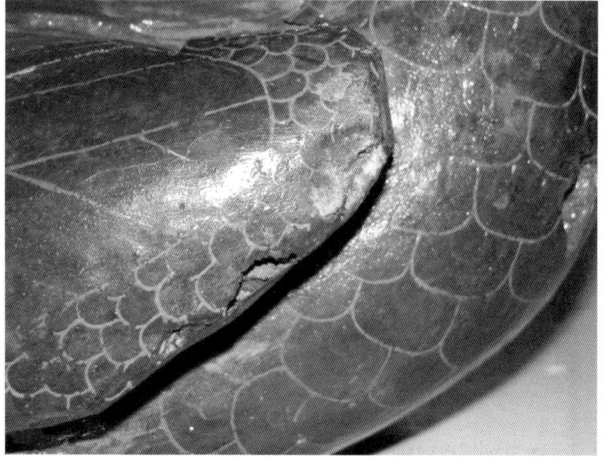

附二-9 水鸟胸部纹饰

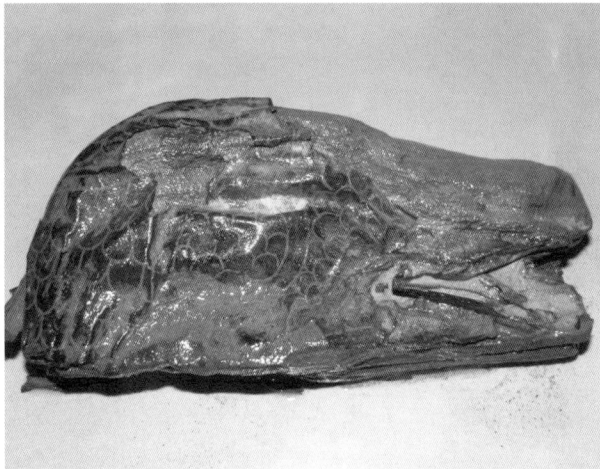

附二-10 鸟首

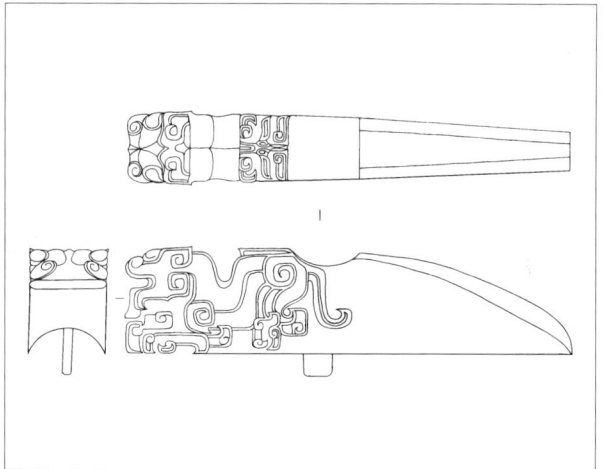

附二-11 卧龙型伏兔

湖北曾侯乙墓的同类器基本一样。但曾侯乙墓的虡座是青铜器,上面铸有106条相互缠绕的龙蛇,是具有很高艺术价值的青铜器物。但此器是木器,上面的雕刻因腐蚀过甚,已漫漶不清,难辨雕刻内容(附二-12)。但仍不失其历史艺术价值,亦是国家珍贵文物。

阴线刻技法施之于马车车厢板,在车厢板的上口口沿普遍运用这种技法。其纹饰皆是变形云纹,这种纹饰具有自由奔放的时代气息,故雕刻起来随心所欲,得心应手。这种纹饰在前轮装饰板、左右辕装饰板和车门装饰板口沿上都有反映(附二-13),可见此车的华丽程度。此外,阴线刻技法在车舆栏杆上也有表现,如出土的车栏立柱上就有精美的云纹图案。故这些雕刻具有很高价值,是研究古代雕刻艺术的重要实物。

附二-12　编钟支架底座　　　　　　　　　附二-13　车厢板上口刻线云纹

骨雕器此墓共出土12件,皆条形管状,截面为"冂"形,是装饰车舆的骨质器物。器表浮雕变形云纹。这种变形云纹和同期出土的玉器纹饰一样,有的还雕刻兽面纹,上有耳、鼻、眼、角等器官(附二-14、15)。一般说来,考古出土的骨雕器相当稀少,雕刻如此精美的就更为少见了。

附二-14　骨雕器　　　　　　　　　　　　附二-15　骨雕器

玉器此墓共出土3件,皆是玉璜。玉璜是人之佩玉,故雕琢精细。(附二-16、17)从技法上分,这3件玉璜可分阴刻2件,浮雕1件,但皆以变形云纹为主题纹饰。尤其是浮雕变形云纹墨玉璜,玉质精良,雕刻精美,凹凸感强,是不可多得的玉器文物。

运河村战国墓的发掘将我们带入遥远的战国年代,使我们一睹古代雕刻艺术。它必将开拓人们的视野,将目光由陶瓷器、青铜器转向木雕、骨雕等雕刻艺术。实际上,运河村战国墓的发掘只是一个开端,随着考古技术和文物保护技术的提高,在今后的考古发掘特别是我国江淮之南的考古发掘中,必将会有更多更好的木雕骨雕等艺术品出土。这些艺术品都是祖国优秀历史文化遗产,是研究中国美术史的重要资料。目前,运河村战国墓出土的雕刻艺术品和同时出土的其它文物一样,正在进行室内整理和科学保护。

附二-16　玉璜

附二-17　玉璜

原载《寻根》2006年第6期

附录三

淮安运河村战国墓出土鼓车的复原研究

王厚宇　赵海涛

摘要：淮安运河村战国墓出土鼓车为迄今先秦考古中所仅见，是研究古代车制和建鼓的重要文物。其中的木质车舆构件保存较好，具有固定的形状和尺寸，是复原研究的重要资料。同时，该车还有一定数量的木雕板、骨雕饰件、漆绘饰件和青铜饰件，是一辆装饰精美的古代车舆。通过实测和研究，绘制了该车的构件图、组装图和透视复原示意图，并进而复原成车。据此可知该车具有轮小、轴短、舆长而装饰华丽的特征，填补了东周鼓车复原的空白。

关健词：淮安　战国墓　鼓车　复原研究

2004年7月，在京杭大运河航道淮安段升级改造工程中，江苏省淮安市运河村发现一座战国木椁墓（附三-1），车马坑内出土鼓车一辆。这是首次出土的战国鼓车，是研究古代车制和文化的重要资料。本文仅就出土鼓车的结构及复原问题进行探讨。

附三-1　墓葬发掘图

一　车马坑的埋藏和鼓车出土情况

车马坑在该墓之南,紧靠木椁南壁之外侧用木材构建,是一座边长约3.6米的方形木椁。椁内有南北向木质隔梁,将车马坑分为车坑和马坑。马坑在西,长3.6、宽1.4米,内有殉人三具和马骨一具。车坑在东,长3.6、宽2.2米,内有马车一辆、殉人二具。从葬式看,该坑是采取车马合葬的形式,但从殉车来看,应是当时流行的拆车葬俗。

从车坑平面图分析(附三-2),该车是先将车舆铜饰取下,集中下葬,然后将车舆放入车坑。车舆是正南北摆放,车辀北向,但在车体倒塌时,使车舆的主体部份超过车轴一线,向车坑的北东方向偏移。如此偏移可能有二个因素,其一是车舆下葬时因其自身原因呈前低后高状,向前倾倒是必然趋势。此外,早期盗扰也是重要因素。盗墓者从椁室南壁盗洞进入车坑,自北向南扰乱必然造成车舆构件北移。因此,车舆的左车轮、车厢板等大幅度的向北移动,而右车轮、轸、轴、辀等仍在原处。幸在移动过程中,车舆构件并没受到大的破坏,虽经二千多年的腐蚀,大多数木质构件都外形规整,纹饰清晰。虽然有些朽烂断裂现

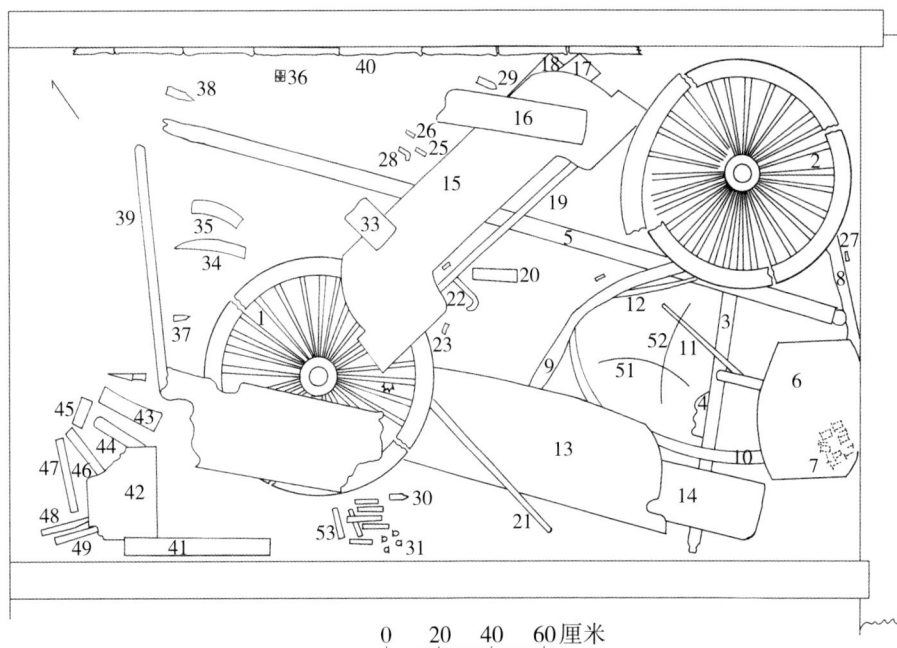

附三-2　车坑平面图

1、2.车轮　3.轴　4.伏兔　5.辀　6.鼓　7.青铜軎辖　8、9、10.轸　11、12.桄　13.鼓座后隔板　14.车门装饰板　15.前轮装饰板　16、41、42.雕花车版　17、18.左右轮装饰板　19.鼓架　20~22、32、33、43、49.木质车器构件　23、27.骨质饰件　28.铜钩形器　29、30.管状锥形器　31.铜铺首衔环　35.铜前轮饰　36.青铜合页　37、38.铜车饰残片　39.衡　40.竹竿　50.青铜矛首衡末　51、52.装饰藤条　53.车釭　53.铜帽形器

象,但断口清楚,拼接起来较为容易,这为今天的复原研发提供了方便,也是复原研究的主要根据。

二　鼓车主要构件的实测和考证

1. 轮:《考工记》曰:"察车自轮始。"故我们先看车轮。该车车轮左右各一,形制相同,大小一致, 外髹黑漆,光洁精致。每轮有辐28根,轮径91.7厘米,毂、辐、牙三材具备(附三–3)。《考工记》曰:"毂也者,以为利转也;辐也者,以为直指也;牙也者,以为固抱也。"此车二轮二毂,首先对车毂加以介绍。

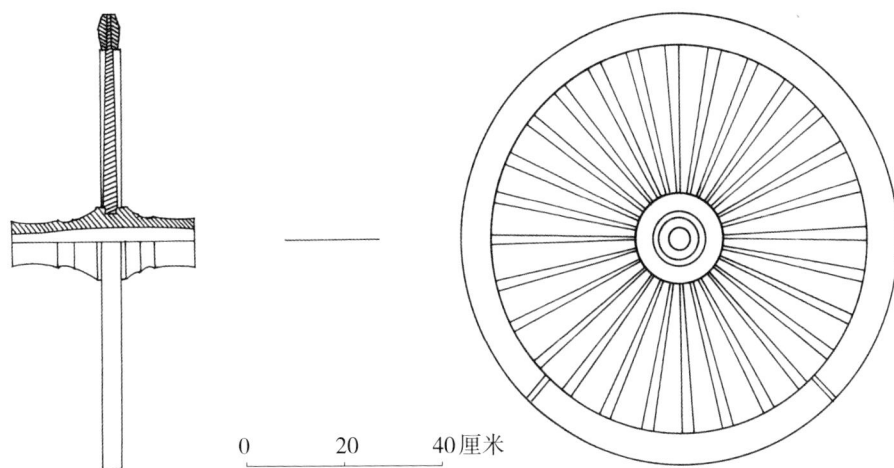

附三–3　车轮实测图

毂,木质。《说文》:"毂,车辐所凑也。"郑司农注:"毂,空壶中也。"该毂贤端外径10厘米,内径5.2厘米;轵端外径8.5厘米,内径4.5厘米。其纳辐处在中部, 但略偏于贤端,直径14.7、宽6厘米。上有28个长4、宽0.8、深2厘米的凹槽以植车辐,毂长38厘米(附三–4)。从外表来看,此毂没有缠绕皮革之迹象,但有赭红斑点,推测是原髹赭红漆所致。

附三–4　毂

车辐，共56根，现取一根说明之。依据《考工记》的记述，辐有股骹二端，阮元《考工记车制图解》云："辐近毂谓之股，近牙谓之骹。辐入毂谓之菑，入牙谓之蚤。"其辐股端为长轴3.6、短轴1厘米的椭圆，上有略小于股端尺寸的菑置入毂中，菑长1.2厘米。骹端截面为近似直径1.5厘米的圆，上有宽1.5、厚1厘米的蚤置入牙中，蚤长7.5厘米。自股端之椭圆到骹端之圆，均匀变化，光洁挺直。完全附合结构要求和力学原理.辐总长39.2厘米(附三–5)。

附三–5　车辐

轮牙，也称辋，《释名·释车》："辋，罔罗周轮之外也。关西曰𫐄，言曲𫐄也。"《荀子·劝学》："木直中绳，𫐄以为轮，其曲中规，虽槁暴不复挺者，𫐄使之然也。"可见轮牙都是𫐄制而成。此车之轮牙是先用一根条木揉制，其不足圆处，另外接木。故每只轮牙都有长短不同的二根牙片，长者约230厘米，短者60厘米左右。因此，每轮都有接口二处。接口都是直口对接，不是斜口对接，也不是夹口榫接和搭口榫接，不同于张长寿先生《井叔墓地所见西周轮舆》的研究。[1]况且也不见浚县辛村、[2]上村岭虢国墓地、[3]河南淮阳马鞍冢车马坑的"铜牙饰"、"铜箍"、"铜片"出土。[4]此外，轮牙和车辐的联结也很特别，所采用的是透孔通榫结构。骹蚤入牙后打进楔形木塞，形成相当紧密的辐牙结构。轮牙的横剖面近似腰鼓形，高7.5厘米。承辐一面厚2.5厘米，两侧为直角；着地一面厚1.8厘米，两侧为圆角；中腰厚4厘米左右(附三–6)。轮牙原髹黑漆，但由于年代久远，现自中腰以下，黑漆脱落，有可能是使用磨损的缘故。据南京林业大学鉴定，轮牙材质为大戟科Euphoriaeae野桐属Mallotus spp。

附三–6　轮牙

2. 轴和伏兔。轴是用整根木料加工而成，其中段是长约114厘米的扁圆柱体，截面尺寸是5.4厘米×3厘米。左右为长46厘米的圆柱体，直径4.6厘米。至两端急收,轴端直径3厘米。轴端各有方孔一个,是安装青铜軎辖之处。这两套軎辖,出于车坑,正和轴端吻合,轴全长206厘米(附三-7)。

　　伏兔在轴上,左右各一,反向卧于轴上并和轴用木钉连为一体。此外,还用皮革捆扎的痕迹。伏兔每只长25、宽5、厚7厘米,上有承轸的半圆形凹槽。前、上、后三面饰浮雕蟠龙纹,蟠龙曲颈、张口、吐舌,雕刻精致,造型生动,是迄今为止所出土的最精美的伏兔(附三-8)。伏兔在陕西长安张家坡和北京琉璃河西周墓都有发现,[5]另外上村岭虢国车马坑和和秦陵铜车马坑也有出土,[6]但远没有此器完整和清晰。此车之伏兔和临猗程村M1065车马坑的伏兔一样,[7]也和秦始皇陵一号铜车伏兔相似,[8]由此可见古代车器的一致性和继承性,是研究古代车制和文化的重要资料之一。

　　左右伏兔上半圆形凹槽的中心距是94厘米,这也是左右车轸的中心距离。由于车轸宽4厘米,故车舆宽度为98厘米。如此宽的车舆,只能容乘二人,说明这是一辆小型车舆。据南京林业大学鉴定,车轴材质为大戟科Euphoriaeae野桐属Mallotus spp。

　　3. 辀和当兔。辀是用整根木料加工揉制而成,虽已断成八段,但断口清楚,拼接起来,仍较方便,长约300厘米。为叙述方便,先从辀尾说起。辀尾为直径4.5厘米的圆柱体,上有浅平凹槽以承后轸。自辀尾向前,辀身直径纵向渐小,横向渐大,至54厘米处,变成长轴8厘米,短轴2厘米的扁圆柱体,长约90厘米。再前复变为直径5.5厘米的圆柱体,向前渐细,至辀颈,直径3.5厘米。辀首呈扁圆饼状,周边有长方形孔7只,是用皮条缚衡之处。自辀尾开始,辀身平直,至163厘米处,辀身逐渐向上作弧形弯曲,上升高度约85厘米(附三-9)。另外在距辀尾55厘米处,中有一孔,推测是系靼之处。在距辀尾126厘米处有一凹槽,推测是和前轸相交之处,由此推断车舆纵深是126厘米。

附三-7　轴和伏兔

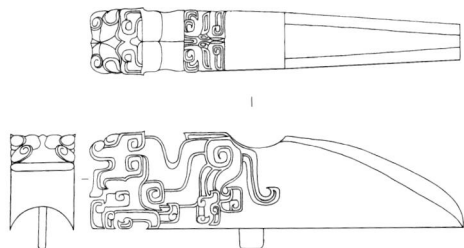

附三-8　伏兔实测图

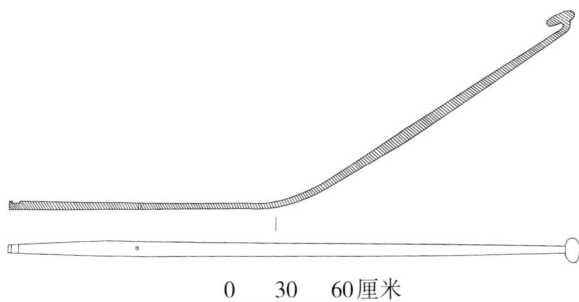

0　　30　　60厘米

附三-9　辀实测图

附三-10　当兔

当兔，是一个直径3.2、长约6厘米的圆柱体，中有一孔，推测是用皮条固定，解决轴、辀的悬空问题，具体起稳定作用（附三-10）。一般说来，当兔上下为两个相互垂直的凹口，均为曲面结构，这种结构使得轴与辀紧密连结，如秦陵一号铜车就是这样的当兔。[9]但此车的当兔不是这样，也可能是当兔的初始形式。

4. 衡，衡出土于辀首之左侧，同出的还有镶嵌青铜矛首的角形木质构件，此外，还有6件青铜小兽面，这些都是衡的饰件。组装起来，两端上曲，显示是曲衡。衡的中段是直径3、长94厘米的圆木棒，两端是装有镶嵌青铜矛首的角形木质构件，二者斜口对接，全长约170厘米（附三-11）。衡末所镶嵌的青铜矛首，平面矛首形，中有脊，每件长13厘米（附三-12）。此外，辀、衡相交处和轭、衡相交处还装有青铜小兽面。这种青铜小兽面呈镂空簿片状，形象生动，造型逼真，有目、口、鼻、角等器官。每件宽4、高3.5厘米（附三-13）。一般说来，镶嵌这种小兽面的衡就是"错衡"。错衡也是文衡，即是有纹饰的衡。这在考古中多有发现，如安阳殷墟郭家庄车马坑、[10]长安张家坡西周车马坑、[11]北京琉璃河燕国墓地都有出土。[12]错衡是地位身份的标志，《荀子》曰："前有错衡，所以养目也。"可证。一般说来，曲衡在西周时比较流行，到战国时期就比较少见了。但青铜矛首衡末延续很长，如秦陵2号兵马俑坑就有相似的青铜矛首衡末出土。[13]

附三-11　衡

附三-12　矛首衡末

附三-13　青铜小兽面衡饰

5. 轸、枕、茵。轸是车舆的底盘框架，通常是由榫卯咬合的木质矩形结构。如长沙203墓的3号车就是如此，[14]即轸木四根，接缝在四角。也有的轸是采取前后两半对接的形式，如陕西长安张家坡井叔墓地的M170车轸就是如此。[15]但是，此车车轸是用上平下圆的一根条形木料揉制弯曲而成，故四角相交处不见榫卯结构（附三-14）。这根条形木料，宽4厘米，厚3厘米，其平面向上，用以穿孔和刻槽。其工艺特征一目了然，仅在后轸中部发现斜口对接。据此推断，此轸是用一根木料揉制，形成纵126厘米、横98厘米

附三-14　轸

附三-15　铜前轸饰

0　　20　　40厘米

附三-16　轸、枕、藤床、茵示意图

的框架结构。揉制后在车舆后部中间斜口对接,接口处用木钉固定,然后再缠以皮条。此外,此车前轸也和后轸有别,前轸带有轻微的前凸弧度,这种前凸形制正和同时出土的车舆铜饰吻合(附三-15)。另外,和此墓毗邻的淮阴高庄墓青铜舆饰也反映这种形制的车舆。[16]在车轸上还有一些矩形方孔,看来这是安装木质车栏时残留。另外,左、右、后轸上有成排的圆孔和方槽。圆孔是通孔,直径0.8、间距8厘米左右。这说明此车不用阴板,而是由藤条编织成类似今天绷床的结构。这也为同时出土的藤编残片所证实,这种藤编残片,横向是直径0.8厘米的圆柱形藤条,纵向是宽0.6、厚0.15厘米的扁平藤条,二者垂直,穿孔相交。方槽是边长约0.6厘米的刻槽,间距7.5厘米,推测是安装类似竹席的车茵之用。这种车茵编织精细,惜已朽烂,分布于车舆底部。此外,在车舆的前轸上没有成排的圆孔而有刻槽,看来是用木条将编织好的藤床和车茵在前轸固定而预留(附三-16)。遗憾的是,此车之轸由于发掘时匆忙,没有及时拼接研究。后来整理时仅发现两角及多段轸木,另外两角已经错乱,无法拼接复位。故上述之尺寸只是综合推断,不是实测尺寸,仅供复原研究时参考。

枕，二根，出土于轸框内，和辀平行并在辀的两侧。但二根都损坏过甚，并断成数段。一根残长81厘米，另一根残长58厘米，截面为2.5厘米×2.5厘米，都是上平下圆的条形木料，并通过榫卯和前后轸连结，形成较为坚挺的框架结构（附三-17）。

6. 轸。车舆四面的围栏，古时称轸。《说文》："轸，车辀间横木。"段玉裁《说文解字注》云："戴先生曰：'轸者，轼、较下纵横木总名。'"故轸由纵、横木组成。纵木是植于车轸上的立柱，大致有三种。其一宽3、厚2、长25.5厘米，下端有榫植于轸上；其二宽3、厚2，长约42厘米，下端亦有榫植于轸上；其三是直径3厘米的木柱，长约60厘米，这是车舆左右两侧的后角柱。后角柱上镶有铜帽形器。此器为管状器，菌状顶，内径3、长17厘米（附三-18）。横木共出土多根，但多以折断，经拼接，大致有五根，长度不一，截面均为3厘米×1.5厘米。出土的骨质饰件（附三-19），皆方形管状，外有浮雕云纹图案，因其尺寸正和横木吻合，有可能镶嵌于此。横木上未有榫卯痕迹，看来是用皮条和纵木联结。据此推断，此车舆轸是用皮条将纵横木捆扎，形成舆轸骨架。

附三-17　枕

附三-18　铜帽形器

附三-19　骨质饰件

7. 漆绘条。数量很多，黑漆为底，上绘红色云纹和几何纹图案。就其形制大致有三种，其一是直径1厘米，高0.7厘米的半圆形藤条；其二是宽1.3厘米，厚0.3厘米的扁平藤条；还有一种是直径0.5厘米的圆柱形藤条。上面都有红色云纹、几何纹图案（附三-20）。

附三-20　漆绘条

8. 木雕装饰板。车坑共出土木雕装饰板9块,其上刻有浮雕蟠螭纹和云纹图案。这种纹饰主要流行于春秋战国之际,它若龙若蛇,相互缠绕,构成了极其精细的艺术图案。这说明春秋战国时期,木雕艺术也和青铜艺术一样,出现了繁褥多姿,精细瑰丽的艺术风貌。况木雕艺术在先秦考古中发现不多,这次发现如此众多的雕花木板,实属先秦考古的重大发现。据南京林业大学鉴定,其材资为紫葳科Bignonuaceae梓树属梓木Catalpa.sp.这次发现的雕花木板,有的已知其用途,有的尚不清楚。板上残存赭红斑点,推测原髹赭红漆之故。

前轮装饰板,此板长142.5厘米,高42厘米,厚3厘米。其顶部左右平齐,中有长65厘米,宽16厘米的矩形缺口。一面雕刻蟠螭纹,板口沿也有云纹图案。下部为弧形,素面无纹饰。推测此板应置于车舆前部,正中间缺口,以便鼓柱伸出。此板弧形下部直插车底,从尺寸上讲也和车栏的高度相符。此板下面有方孔一个和圆孔三个,可能是连结鼓柱其他构件之处(附三-21)。

附三-21　前装饰板

鼓座后隔板，长130、宽37、厚2.5厘米。双面都有蟠螭纹带，其蟠螭纹带一面宽6厘米，另一面宽13厘米，口沿上也有云纹图案。纹饰带内有铜扣1个和方孔二个，推测为系扣之用。下部为弧形，素面无纹饰。从形状和尺寸分析，此板是插入车箱的木板，具体起装饰和隔断作用（附三-22）。

附三-22　鼓座后隔

左轮装饰板，长105、宽16、厚2厘米。一面雕刻蟠螭纹，板口沿也有云纹图案。两端各有四孔，四孔中间有铜扣一个，推测为穿皮条所用。推测该板悬挂于车舆左侧，具体起美化车舆的作用（附三-23）。

右轮装饰板，形制和纹饰和左轮装饰板完全相同。

9. 建鼓、鼓柱、鼓座。建鼓出土于车坑南端，在车舆尾后。由于在最上层，故遭到施工破坏，现仅存

附三-23　左轮装饰板

半个鼓身和若干残片，外髹黑漆（附三-24）。该鼓是用整木刳挖而成，其加工痕迹清晰可见。经测算，该鼓身长56厘米，口径29厘米，腹径46厘米（附三-25：1），两端乳钉带宽9厘米，上有竹钉三排，用以固定皮质鼓面。鼓身中部有7厘米×6厘米的对穿方孔，孔中有早年折断的扁圆形鼓柱半根。这种有对穿方孔，中以贯柱的建鼓在我国有悠久历史，是我国古代传统打击乐器之一。据南京林业大学鉴定，其树种为樟科lauraceae檫木属Sassafras檫木s.tsumu。

附三-24　建鼓残片

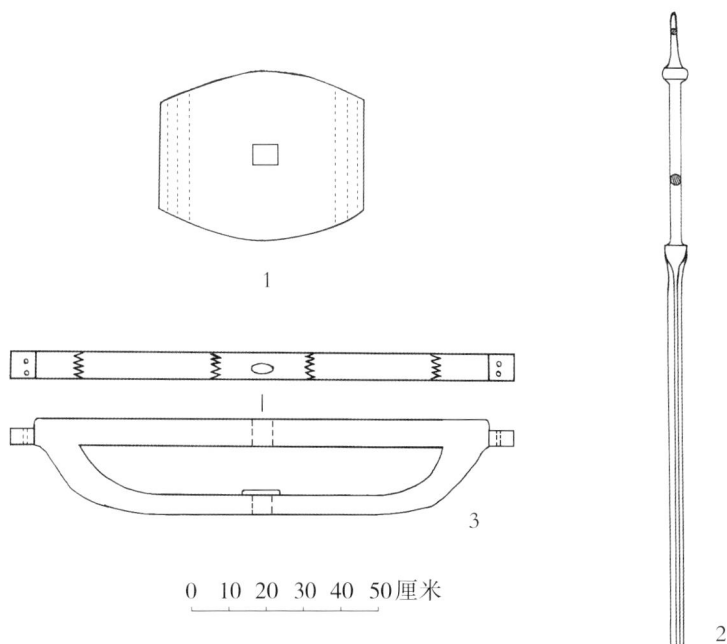

附三-25　建鼓、鼓柱、鼓座实测图

鼓柱损坏较大,现只有近50厘米长的一段,其下端为椭圆柱体,截面是长轴6厘米,短轴3厘米的椭圆。上端是直径5厘米的圆柱以穿鼓身,下有方形台阶以承鼓腹(附三-25:3)。因此,这应是中间承鼓的一段,向上向下都不清楚。参照曾侯乙墓和同墓出土的鼓座对其进行了复原,[17]鼓柱高170厘米左右。

鼓座出土于前轮装饰板下面,即车舆的前部。是由长137厘米,宽28厘米,厚7厘米的木板剜挖而成,上部为长137厘米,宽7厘米的矩形平面,上刻齿形图案。两端有刻槽,似为安装青铜饰件所遗留。下为弧形曲面直插车底,中有扁孔可插鼓柱(附三-25:2;附三-26)。据南京林业大学鉴定,其树种为樟科lauraceae檫木属Sassafras檫木s.tsumu。

附三-26　鼓座

三　鼓车的复原和组装

通过以上论述，下面来讨论鼓车的复原。鼓车的复原内含车的复原和鼓的复原，此外，还有车和鼓的安装组合问题。为此，首先回顾一下建鼓。

建鼓，古称足鼓、晋鼓、楹鼓、植鼓，早在三千多年前的商代就有此鼓，到春秋战国时期已广泛使用。《国语·吴语》中有："载常建鼓，挟经秉枹，万人以为方阵。"韦昭注："鼓，晋鼓也。《周礼》：'将军执晋鼓。'建，谓为楹而树之。"《礼记·明堂位》："殷楹鼓。"注曰："楹，贯之以柱也。"建鼓在考古中亦有发现，如湖北曾侯乙墓、[18]江苏泗阳大青墩西汉墓和山东危山西汉墓都有出土。[19]建鼓亦可载于车上，载车的建鼓就是鼓车。鼓车在汉画上也有发现，如南阳唐河画像石和辽阳棒台子屯大墓壁画就有鼓车图像出土，[20]这样的鼓车都是建鼓纵向植于车上。这些建鼓和鼓车，都有重要历史和研究价值，亦是我们这次复原的重要参照物。

建鼓的复原依据车坑出土的建鼓残片，其结构和工艺都相当清楚，故复原比较容易。此外，车坑出土的鼓座也比较完整，只要复制就行。困难的是出土鼓柱仅存50厘米的长的一段，倘若复制则要定其高度。众所周知，先秦之车多是立乘制，故鼓手也是站立击鼓。故我们把鼓柱之高定在1.7米，鼓的中心高度（距车舆底板）和曾侯乙墓的建鼓高度一样，定在1.25米左右。同时参照汉画像石上的鼓车，使鼓的长轴和车同向，这样便于鼓手站立击鼓。鼓车的复原亦是依据车舆构件，其中轮、轴、辐、衡等的复原较为容易，因为这些木质构件都在，有固定的形状和尺寸，复原和仿制都容易办到。此车复原的难点是车舆问题，这是复原能否成功的关键因素。前已述及，此车车轸是一个纵126厘米，横98厘米的竖长方形，因此车舆平面也与之相当。这样的竖长方形车舆在先秦考古中比较少见，也有违《考工记》"三分车广，去一以为隧"的记述，这可能是安装建鼓所致。建鼓必然占用空间，故车身加长是重要因素。一般来讲，建鼓都安装于车舆前部，这样乘者站在车轴一线便于击鼓。如杨英杰先生考证："战车多建楹鼓"，其位置"当是树立在轼前正中"。[21]基于此，此车把鼓座横向安装于前轮之后，其前是前轮装饰板，其后是鼓座后隔板，由前后二块木板把鼓架牢牢地固定住。这样不仅增加了稳定性，突出了装饰板上的纹饰，也和出土的木质构件位置相符。但是，由于车舆宽仅98厘米，而车前装饰板就长达142厘米。故容不下横向放置的前轮装饰板、鼓座和鼓座后隔板，故这些构件的弧形部分直插舆底，而左右两端飞出。飞出后必然阻碍左右车栏的安装，故左右车栏只到鼓座后隔板为止，它和前轮并不连续。

车舆的前轮高为12厘米，长和舆宽相等，外表镶嵌车坑出土青铜轮饰，下有三根短柱植于前轮。左、后、右车栏设为二层，以竖置于车轸上的立柱为骨，左右车栏每侧立柱四根。自前向后，高度依次是40、23、23、60厘米，间距34厘米左右。后栏有短柱二根，高约23厘米，植于车门两侧。这些立柱都植于轸上，构成了车栏的纵向立柱。横向以轸的横木为主，是用皮条把横木和车轸上的纵木（立柱）连结，高约23厘米，形成了舆轸骨架。然后于横木之下，均匀捆扎漆绘藤条。这种漆绘藤条，和车坑出土的一样，有

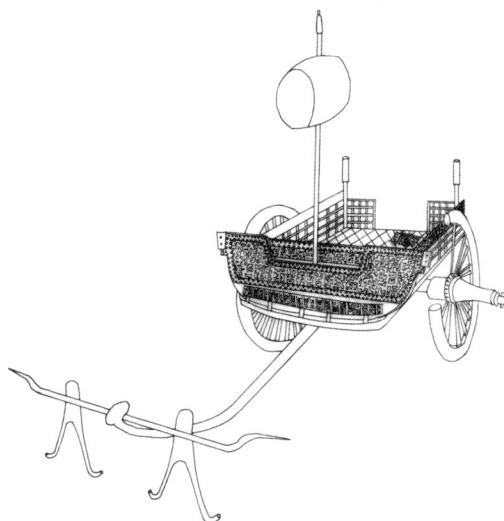

附三-27　出土马车复原示意图

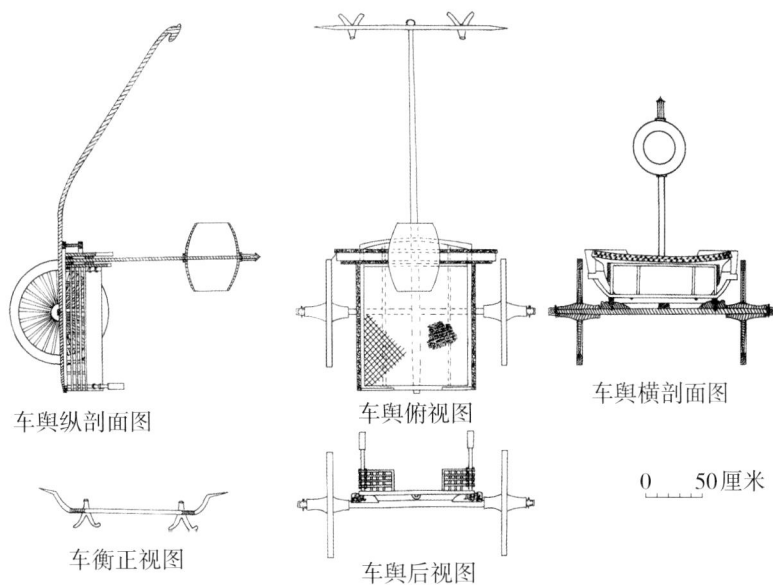

车舆纵剖面图　　　　车舆俯视图　　　　车舆横剖面图

0　　　　50厘米

车衡正视图　　　车舆后视图

附三-28　出土马车组装图

扁、圆二种,扁的竖立,圆的水平,自左右两侧立柱直到车后门立柱,均匀捆扎,形成了窗格形车轮结构。最后于两侧横木之上,系扣左右轷装饰板。于车舆后侧角柱上,安装铜帽形器。对于骨质饰件,由于认识不同,故复原时省略。至此,此车的复原基本完成。形成了一辆轮距约152厘米、舆广98厘米、舆深126厘米、轮高约40厘米、辀长约300厘米的车舆。复原后此车朱毂墨轮,雕饰华美,建鼓高耸,具体情况可参照附图(附三-27、28)。

四　鼓车复原的意义和收获

通过复原研究,使我们对战国鼓车有了一定的了解。归纳起来,大体有以下意义和收获。

1. 中国古代车制,一直是我国文物考古学界的重大课题。早在20世纪30年代,著名科技史专家王振铎先生就对古籍记载的指南车、击里鼓车复原研究。对考古出土的马车复原研究起步也早,上世纪中叶,台湾学者石璋如先生就对殷墟马车尝试复原。[22]后来,杨宝成先生复原的殷商车,[23]张长寿、张孝光先生复原的河南浚县西周车,[24]夏鼐先生指导复原的河南辉县战国车等均取得一定的成就。[25]1980年冬,秦始皇陵铜车马的发掘和修复,更是举世瞩目的成就。[26]近几年来,李森等先生复原的滕州前掌大商周车、[27]张岱海等先生仿制的临猗程村春秋车,[28]亦取得卓越的成就。但是,这些复原和研究都是出土的兵车和乘车,对于鼓车涉及太少,而该墓鼓车正可弥补不足。通过复原和仿制,可以得到一辆装饰精美的先秦鼓车,是研究古代物质文化史的重要资料。同时,由于密闭埋藏和地下水位较高,该车构件保存较好且榫卯俱全,这是文物考古界梦寐以求的实物资料,经过解剖可以了解古代车制工艺,解决一些悬而未决的问题,是一批非常难得的资料。此外该车还涉及木雕、骨雕、青铜铸造、髹漆漆绘、皮革捆扎、藤器加工等诸多工艺,是研究古车和装饰工艺的难得资料。通过实测和复制,我们发现该车具有轮径过小、车轴偏短、车身偏长、装饰华丽的特点。同时,该车的曲衡是西周车的常见形制,而板状车栏是汉代双辕车才流行的,因此,该车和战国兵车、乘车差异较大,有可能是特为安装建鼓而制造。通过复原,我们对战国鼓车有了一定的了解,积累了一定的经验和资料。

2. 此车装有大量浮雕蟠螭纹装饰板,这种似龙非龙的纹饰非常精美,是车主人高贵身份的象征,《史记·礼书》:"弥龙所以养威也"可证。此车所载的建鼓相当少见,载鼓的马车就是鼓车。一般来说,鼓车是礼仪之车,这在汉画中有较多表现,如上文提到唐河画像石就有鼓车的图像。[29]该画像上前有二执弩导骑,后有二辂车。前车树建鼓,鼓上有羽葆,二人击鼓。后车掌伞盖,乘有主人和驭夫。这样的辂车前加鼓车者甚为少见,《汉书·韩延寿传》:"延寿衣黄纨方领,驾四马傅总,建幢棨,鼓车歌车。"可见达官贵族出行时才有鼓车。但鼓车更多的是用于军事,是古代战争中将帅指挥作战的信号。故古代交战时双方必有鼓车,击鼓是将帅的职责之一。这在典籍中有大量记述,如《左传·庄公十年》记齐鲁长勺之战:"公将鼓之。"《公羊传·宣公十二年》记晋楚邲之战:"庄王鼓之,晋师大败。"《左传·成公二年》记齐鲁龙之战:"齐侯亲鼓。"《左传·成公二年》记晋之伐齐,郤克将中军,"流血及屦,未绝鼓音。"《左传·哀公二年》记晋郑铁之战后,主将赵鞅说:"吾伏弢流血,鼓音不衰。"故《诗·清水》郑笺:"兵车之法,将在鼓下,故御者在左。"从此车装饰华丽上似是礼仪之车,但出土的矛首衡末铜饰又是战车才有的。因此,此车平时战时皆能使用,是一辆平时用之礼仪活动、战时用作指挥作战的车舆。

附记:本文是2005~2006年度江苏省文物科研课题,许多同志都为此作了大量工作。如谷玲同志多次实测构件和制作模型,胡兵同志摄影和收集资料,李艳梅加工图片,孟建清绘制部分图样。复原方案曾经孙机、朱凤瀚、胡继高、马清林、奚三彩、潘路等先生座谈论证;初稿经袁仲一、张长寿、朱思红等先生审核并提宝贵意见,在此一并致谢。

1　张长寿等:《井叔墓地所见西周轮舆》,《考古学报》1994年第2期

2　郭宝钧:《浚县辛村》,科学出版社,1964年。

3　中国科学院考古研究所:《上村岭虢国墓地》,科学出版社,1959年。

4　河南省文物研究所:《河南淮阳马鞍冢楚墓葬发掘简报》,《文物》1988年第11期。

5　中国科学院考古所:《沣西发掘报告》,文物出版社,1963年;琉璃河考古工作队:《北京附近发现的西周奴隶殉葬墓》,《考古》1974年第5期。

6　中国科学院考古研究所:《上村岭虢国墓地》,科学出版社,1959年;秦始皇兵马俑博物馆等:《秦始皇陵铜车马发掘报告》,文物出版社,1998年。

7　张岱海等:《临猗程村M1605号车马坑中车的结构实测与仿制》,《中国考古学论丛—中国社会科学院考古研究所建所40周年纪念》,科学出版社,1993年。

8　秦始皇兵马俑博物馆等:《秦始皇陵铜车马发掘报告》,文物出版社,1998年。

9　同8。

10　中国社科院考古研究所安阳工作队:《安阳郭家庄西南的殷代车马坑》,《考古》1988年第10期。

11　中国科学院考古所:《沣西发掘报告》,文物出版社,1963年。

12　琉璃河考古工作队:《北京附近发现的西周奴隶殉葬墓》,《考古》1974年第5期。

13　孙机:《中国古独辀马车的结构》,《中国古舆服论丛》,文物出版社,1993年。

14　中国科学院考古所:《长沙发掘报告》143页,科学出版社,1957年。

15　同1。

16　淮阴市博物馆:《淮阴高庄战国墓》,《考古学报》1988年第2期。

17　湖北省博物馆:《曾侯乙墓》,文物出版社,1989年。

18　同17。

19　见南京博物院展品。

20　周到、李京华:《唐河针织厂汉画像石墓的发掘》,《文物》1973年第6期;孙机:《中国古舆服论丛》图4—6：5。

21　杨英杰:《战车与车战》,东北师大出版社,1988年。

22　石璋如:《小屯四十墓的发掘与殷代第一类甲种车的初步复原》,《历史语言所集刊》第四十本下册。

23　杨宝成:《殷代车子的发现与复原》,《考古》1984年第6期。

24　张长寿、张孝光:《殷周车制略说》,《中国考古学研究》,文物出版社,1986年。

25　《辉县发掘报告》,科学出版社,1956年。

26　同8。

27　李淼等:《滕州前掌大马车的复原研究》,《科技考古》(1)科学出版社,2005年。

28　同7。

29　周到、李京华:《唐河针织厂汉画像石墓的发掘》,《文物》1973年第6期。

淮安运河村战国墓的木雕鼓车

王厚宇　赵海涛

附四-1　墓葬发掘图

2004年7月,江苏省淮安市运河村发现一座战国墓(附四-1),在随葬的车马坑内出土鼓车一辆。这是首次出土的战国鼓车,尤其是鼓车上的浮雕蟠螭纹车厢板前所未有,同时还有一定数量的青铜饰件、骨雕饰件、漆绘饰件。该车之精美为迄今先秦考古中所仅见,集中体现了我国古代车制和装饰工艺,是研究古代车制和工艺的重要实物。

一　鼓车构件保存较好,是研究古代车制的难得实物

中国古代的车制,一直是文物考古界的重大课题。早在20世纪30年代,著名科技史专家王振铎先生就曾对文献记载的指南车、击里鼓车复原研究。[1]对考古出土的马车复原也早,上世纪中叶,台湾学者石璋如就曾对殷墟考古中的马车尝试复原。[2]后来,杨宝成先生复原的殷商车,[3]张长寿、张孝光先生复原的河南浚县西周车,[4]夏鼐先生指导复原的河南辉县战国车都取得一定成就。[5]1980冬,陕西秦始皇陵铜车马的发现和修复,更是举世瞩目的成就。[6]近几年来,李森等先生复原的山东滕州前掌大商周车,[7]张岱海等先生复原的山西临猗程村春秋车都是卓越的成就。[8]但是,这些复原和研究都建立在车马坑的基础上,故车马坑的考古和发掘,一直是研究古代车制的基础资料。迄今为止,经考古发掘的车马坑160余座,其中殷商车马坑64座,西周至战国车马坑近100座,出土的车舆也有近千辆之多。从现有资料看,这些车舆多出土于我国北方,相对集中于晋、陕、鲁、豫、冀地区。由于北方气候干旱等地理环境原因,这些地区的车舆往往保存较差,其木质构件多已朽烂,或成为有形无物的灰土,或仅余朽蚀后的空洞。虽经小心剥剔、化学加固或石膏灌注成形,也只能知其大概形状,难以得到保存较好的车舆构件,故对于细部结构特

征了解不多,缺少可资借鉴和对比的实物资料。而该墓车马坑虽只出土马车一辆,但由于其独特的密闭环境和自然地理条件,地下水位较高,易于形成厌氧环境对木质构件的保护,故车马坑保存较好。马车的轮、轴、辌、辀、轮等木质构件较于齐全,且有建鼓、鼓柱和鼓座出土。由此可见,这是一辆鼓车。据此,可填补出土鼓车的空白,也是迄今发现保存最好的车舆实物资料。目前,这些木质构件经文物保护人员脱水处理后,竟奇迹般的保存下来。其中虽有朽烂断裂现

附四-2　车轮

象,但断口清晰,拼接起来较为方便,尤其是榫卯结构俱全,据此可研究古代车制工艺,是研究古车的学者梦寐以求的实物资料。如该车车轮出土时相当完整,毂、辐、牙三材具备(附四-2)。由实物得知,该车的轮牙是用二根长短不同的条木揉制而成,故每轮都有两根牙片,结口两个。结口都是直口对接,不是斜口对接,也不是夹口榫结和搭口榫结,不同于现代学者的研究。[9]该车的轮牙和车辐的连结也很特别,所采取的是透孔通榫结构。这种结构至今还是首次发现,是真实具体的辐牙实物。该车的车辋也是用一根条木揉制,仅在后辋中部发现斜口对接结构。对接后用木钉连结,然后再缚以皮条。这样的车辋也是首次发现,是研究古代车辋的重要实物。该车的伏兔和轴用木钉连为一体,上有承辋的半圆形凹槽,下有含轴的半圆形凹槽(附四-3)和秦始皇陵一号铜车的伏兔形制一致,[10]由此可见古代车制的一致性和继承性。该车的车辀虽已断为八段,但拼接以后,其后段平直,前段上扬,形态逼真,仍不失其旧貌(附四-4)。该车的建鼓是用一段原木刳挖而成,外髹黑漆,光洁精致。两端有竹钉三排,以固定皮质鼓面;中有方孔,以贯

附四-3　轴和伏兔

附四-4　辀

鼓柱(附四-5)。该车鼓座是用一块厚木板剞挖而成,上有安装铜饰的齿形刻槽,下有弧形曲面直插车底,中有扁孔可插鼓柱(附四-6)。这样的车载鼓座还是首次发现,不同于立于地上的圆形鼓座。这些木质构件都有固定的形状和尺寸,是有重要历史和科学价值的车舆文物。在很多方面都是首次发现,丰富和充实了古车研究。据此可和古代典籍《考工记》相对照,不仅是研究古车的实物例证,也是研究古代科技史和文化史的不可多得的资料。

附四-5　建鼓残片

附四-6　鼓座

二　出土鼓车装饰精美,是研究古代装饰工艺的重要资料

该车构件不仅有重要历史和科学价值,在装饰上也达到无与伦比的程度。该车集多种工艺于一身,除制车工艺外,还有木雕、骨雕、青铜铸造、髹漆漆绘、皮条捆扎、藤器加工等各种工艺,充分说明了古代手工业的兴旺发达,是研究古代手工业和装饰工艺的重要资料。如该车骨雕是指装饰于车轮的骨质饰件。这些骨质饰件,皆条形管状,截面为"冂"形,器表浮雕变形云纹(附四-7)。这种变形云纹和同期的玉器纹饰一样,亦有可能是由玉器纹饰移植。有的还雕成兽面纹,上有耳、鼻、眼、角等器官。一般说来,考古出土的骨雕器相当稀少,雕刻如此精美的车器的就更少见了。青铜舆饰是指车舆上的青铜饰件,如前轮铜饰即是(附四-8)。该饰件亦是以变形云纹为主,铸造精良,线条流畅。此外,车衡也饰有青铜小兽面衡饰,这种小兽面衡饰在商周时相当流行,《诗·商颂·烈祖》中的"约軝错衡"即是(附四-9)。髹漆漆绘是指车轮上的装饰藤条,可分圆形、扁平形、半圆形三种规格。这些藤条都是黑漆为地,上绘红色云纹、几何纹

附四-7　骨质饰件

附四-8　前轮铜饰

附四-9　衡

图案,是美化车舆的装饰(附四-10)。该车的木雕为迄今考古发掘中首次发现,其中又分圆雕、浮雕、阴线刻三种工艺,如车轴上的伏兔就是采用圆雕工艺精心制作。这二只伏兔,躯体呈蟠龙形,它张口吐舌,曲颈扬尾,反向匍匐于车轴之上,雕刻精美,造型生动,是迄今出土的精美伏兔之一(附四-11)。浮雕是指车舆上安装的木雕板,其上刻有浮雕蟠螭纹和变形云纹图案(附四-12)。这种蟠螭纹饰,若龙若蛇,相互缠绕,以四方连续的形式展开,构成了极其精美的浮雕艺术。蟠螭纹或称龙纹、交龙纹,是以蟠曲的龙为主要模拟对象,这种纹饰在春秋战国时期的比较流行,是春秋战国时期青铜器的主题纹饰之一。但青铜器上的蟠螭纹是以印模法

附四-10　彩绘条

附四-11　伏兔

制作,故形体较小,繁褥精细。而木雕板上的蟠螭纹是由古代工匠手工雕刻而成,形体尺寸较大,自由奔放而又威严神秘。迄今以来,考古出土的蟠螭纹青铜器数量很多,但出土的蟠螭纹木雕板就相当少见了,保存如此完好的还是首次。变形云纹是云纹的组合,它二排一组,或三排一组,以条带形式,施之于蟠螭纹四周。它和蟠螭纹相互配合,形成了极其精美的浮雕图案。阴线刻主要表现在木雕装饰板的口沿上,同时在车轮立柱上也有所表现,所刻的都是变形云纹图案(附四-13)。但这些变形云纹和浮雕云纹不同,好像是古代工匠即兴雕刻,故变化多端而不拘一格。这次出土的木雕板,大都同时采用了浮雕和阴线刻两种手法,故雕工精致,逼真生动,堪称一绝。不仅保存较好,且尺寸也大,如一块前轮装饰板就长142厘米,宽44厘米(附四-14)。此外,左右轮装饰板(附四-15)、雕花板1(附四-16)、雕花板2等也都有较大的尺寸。这次出土如此众多的木雕板,实属先秦考古的重要发现,不仅是研究蟠螭纹起源和发展的重要资料,也是古代精美的木雕艺术品,是研究古代美术和木雕艺术的重要资料之一。

附四-12　蟠螭纹饰

附四-13　板口纹饰

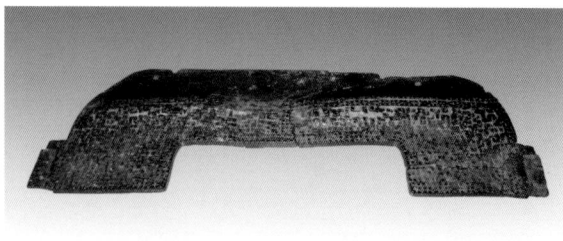

附四-14　前轮装饰板

附四-15　左右轮装饰板

附四-16　雕花木板1

三　出土鼓车的尝试复原，为古车研究提供了借鉴

该车构件保存较好，具有复原的条件和基础。为了探讨战国鼓车，为古代车制研究提供借鉴和参考，故开展复原研究。在复原中，为了保护出土构件，避免构件在复原中遭受损坏，故复原时不用原车构件，而是采用仿制的方法，按照出土构件的形状和尺寸，参照传统工艺方法，逐一仿制车舆构件。在仿制中，以出土构件为本，原大原样复制，争取惟妙惟肖，恰到好处。如此车的轮、轴、辀、衡、建鼓、鼓座等，就是采用这种方法。因为这些构件都在，在现代技术条件下，仿制起来较为方便。而对于变形和严重损坏的构件，首先要参照同期车舆构件进行校正和修复，绘制成图，然后再仿制构件。如本车的车辁，就是采取这种方法。由于车辁是承重部件，又是由传统工艺揉制而成，故出土时仅有两角及数段辁木，其余严重朽烂，无法拼接，不能复其旧貌。故在复原中采取推算的方法，由左右伏兔承辁凹槽的间距定其宽，而长则由车辀前后的含辁凹槽决定。对于鼓柱也是这样，因出土时仅余50厘米长的一段，故复原时要定其高度。对此，我们参照曾侯乙墓的建鼓鼓柱，[1]鼓的高度125厘米，鼓柱高在170厘米左右。对于木雕板及其装饰工艺，也是采取同样手法仿制，不仅和原件大小一致，纹饰和装饰工艺也基本相同。仿制完成后进行组装，组装中参照秦陵一号铜车的连结方法，主要构件如轴、辀、衡、辁、轮等皆用皮条绑缚，而车底也是由藤条编织而成，所采用的多为柔性结构。组装成车后进行装饰，依次安装木雕板、鼓座、骨雕饰件、青铜饰件和漆绘饰件，最后安装鼓柱和建鼓。组装后此车轮距152厘米，轮径91.7厘米，舆广98厘米，舆深126厘米，轮高40厘米，辀长300厘米，是一辆朱毂墨轮，雕饰华美的独辀鼓车（附四-17）。由复原可知，该车具有轮小、轴短、舆长而装饰华丽的特点，是一辆别具一格的小型车舆。此外，该车的装饰非常精美，尤其是蟠螭纹木雕板最具特色，这种似龙非龙的木雕相当少见，是车主人高贵身份的象征和标志。对此，《史记·礼书》："弥龙所以养威也"，《后汉书·舆服志》："乘舆金薄缪龙，绕之为较"，都有记载。车舆上的装饰变形云纹也符合古代文化，人乘此车，有腾云驾雾、飞龙上天的感觉。《楚辞·九歌》："乘龙兮辚辚，高驰兮冲天"可证。因此，这辆木雕鼓车具有重要科学、历史和艺术价值。它的发现和复原，不仅是近年来车马坑考古的重要发现，也为今后的古车研究提供了借鉴。

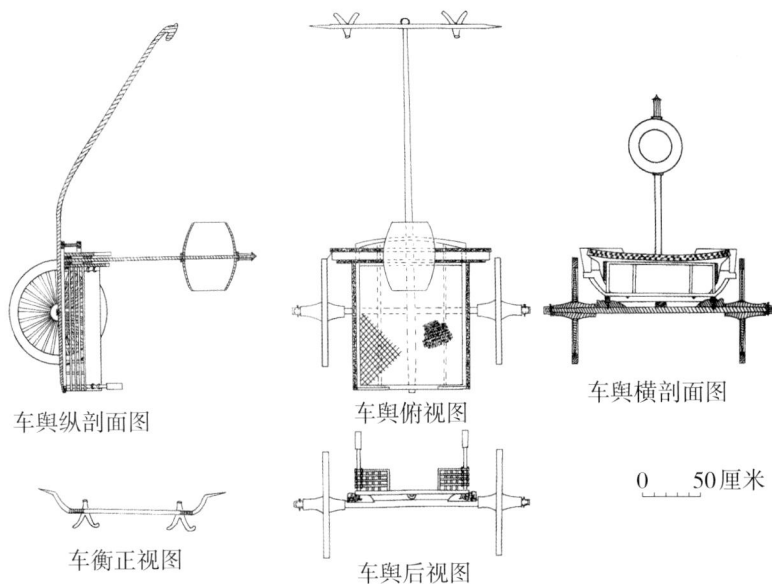

车舆纵剖面图　　　　　　　　　车舆俯视图　　　　　　车舆横剖面图

0　　　50厘米

车衡正视图

车舆后视图

附四-17　出土马车组装图

1　见中国科技史资料。

2　石璋如:《小屯四十墓的发掘与殷代第一类甲种车的复原》,《历史语言所集刊》第四十本下册。

3　杨宝成:《殷代车子的发现和复原》,《考古》1984年第6期。

4　张长寿等:《殷周车制略说》,《中国考古学研究》,文物出版社,1986年。

5　《辉县发掘报告》,科学出版社,1956年。

6　秦始皇兵马俑博物馆等:《秦始皇陵铜车马发掘报告》,文物出版社,1998年。

7　李淼等:《滕州前掌大马车的复原研究》,《科技考古》第一辑,科学出版社,2003年。

8　张岱海等:《临猗程村M1065车马坑中车的实测和仿制》,《中国考古学论丛—中国社会科学院考古研究所建所四十周年纪念》,科学出版社,1993年。

9　张长寿等:《井叔墓所见西周轮舆》,《考古学报》1994年第2期。

10　同6。

11　湖北博物馆:《曾侯乙墓》,文物出版社,1989年。

原载《文博》2007年第2期

江苏淮安运河村一号战国墓

淮安市博物馆

2004年7月7日,在京杭运河两淮段航道整治工程建设时,发现一座大型土坑木椁墓(编号HYM1)。墓葬封土已被施工机械从中挖开,部分椁板显露。当日我馆接讯后,立即组织人员进驻工地。该墓位于京杭大运河北堤,属清浦区运河村九组。清咸丰《清河县志·图说》称之龚家墩。大运河南岸分布有韩信城、韩母墓、漂母墓、甘罗城等古迹(附五-1)。1978年春,我馆曾在距西南3公里地的高庄发掘一座战国墓。此次发掘由南京博物院与淮安市博物馆联合进行。清理工作从7月8日开始,到9月8日结束。现将发掘情况报告如下。

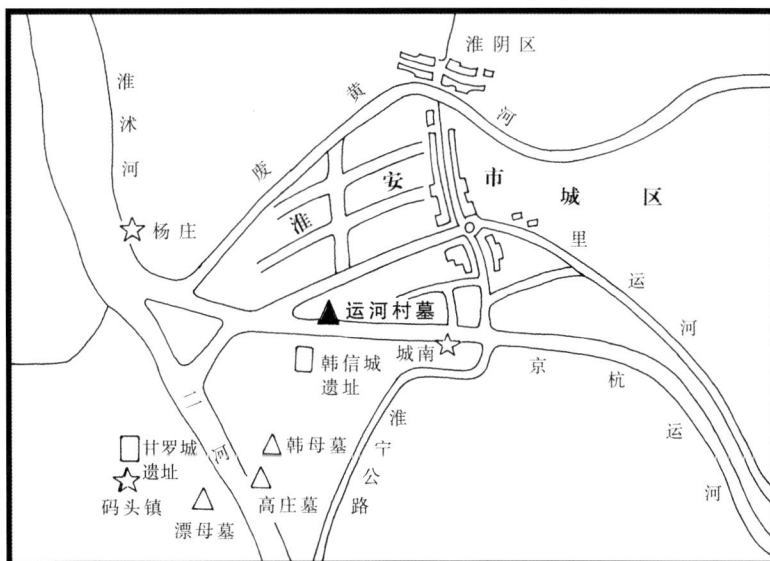

附五-1 墓葬位置示意图

一 墓葬形制与结构

该墓为"甲"字形竖穴土坑木椁墓。墓上有大型封土堆,分层夯筑,土色为黄、白、黑三种。墩高约7米,底径40余米。墓口之上复盖一层20~30厘米的白膏泥,至墓室顶部增厚。墓坑呈矩尺形,坑口南北长11米、东西宽10米,至墓底深4.7米。四隅斜弧,坑壁上层为黄褐色砂质黏土,下层为棕红色砂礓黏土,土质坚硬。墓坑东侧有一斜长的墓道,坡道平缓,斜度不超过5度。坑口弧收与墓道相连,墓道底部与墓坑

内三层底板总高度相等。墓道上宽3.2~5.4米,下宽3~3.5米,总长约35米。从地层剖面观察,该墓地原
是一条东西向的土岗,墓道入口开挖在岗垄边缘,墓室正好坐落在岗脊的中心位置。墓道填土为黄、白、
黑三色,逐层烧烤夯实,墓向112度(附五-2)。

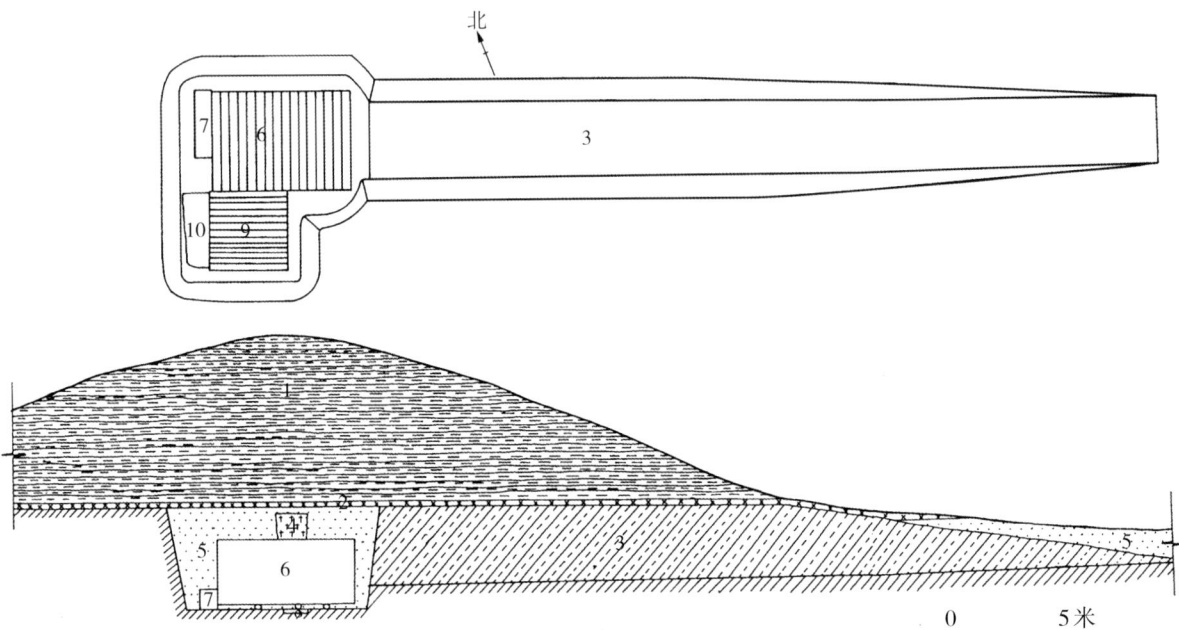

附五-2 墓葬平、剖面图

1.封土 2.白膏泥 3.墓道 4.盗洞 5.青膏泥 6.主椁室 7.西陪葬棺 8.腰坑 9.外藏椁 10.陪葬坑

墓室由主椁室和外藏椁及一个陪葬坑组成。主椁室居墓坑的北部,外藏椁居坑的南部,陪葬坑附在
外藏室西侧。

主椁室为三重椁木枋结构,呈长方形,与墓道相对。每层椁南北两端内凿成凹槽,东西挡板两边侈出
榫头,由上向下套合。三层盖板呈南北向复盖,三层底板呈东西向平铺,东侧三重挡板依次相连。所有椁
板通体髹漆(附五-3)。

外层椁东西长6.5、南北宽44、通高3米(不含下部的横垫木)。盖板十五块,长4.4、宽0.33~0.44、厚
0.30米。南、北、东三壁椁板各垒砌六块,西壁椁板垒砌七块,最上一块用榫卯拼合。内高2.4米,南北壁
长6.5、宽0.30米,东西壁长3.7、宽0.27米。底板十二块,长6.7~6.75、宽0.30~0.47、厚0.30米,总宽度4.54
米。在外层椁南、北、西三壁上部,距盖板0.65米处等距凿有十六个方形榫眼,孔边长3、深6厘米。南北
二壁各六孔,西壁四孔,眼内存有木质挂钩。这些挂钩或是扣扎帐幔,或是悬挂乐器? 有待考证。底板下
置南北向二根枕木,平面弧底,长5.7、宽0.32、高0.16米,二根间距2.92米。主椁室中部有一腰坑,东西长

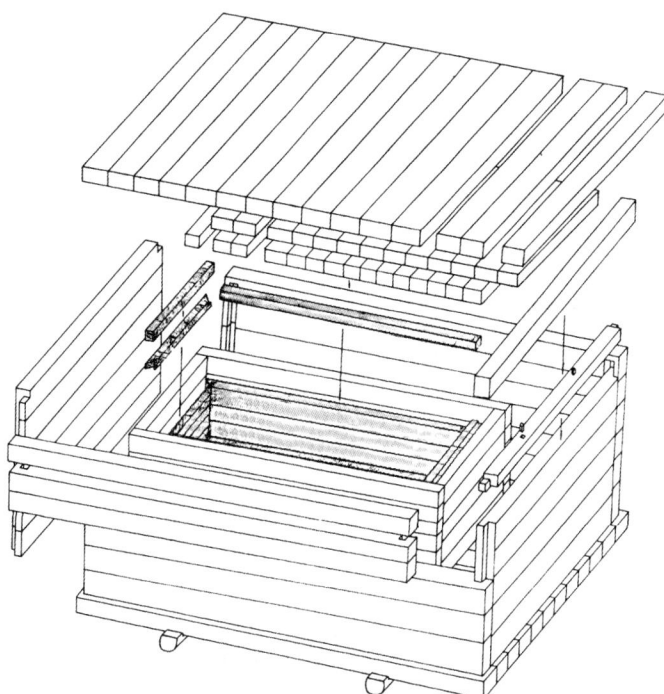

附五-3　运河村战国墓主椁示意图

1.2、南北宽0.45、深0.30米,内有狗骨架一具,体格硕长,头向东侧。

二重椁东西长5.14、南北宽2.32、通高2.36米。盖板十三块,长2.3、宽0.33~0.44、厚0.25米。四壁椁板各垒砌五块,室内高1.84米。南北二壁长5.14、宽0.25米,东西二壁长1.8、宽0.25米。底板六块,长5.14、宽0.22~0.52、厚0.25米,总宽度2.3米。外层椁与二重椁之间的南、北、西侧留有0.70~0.80米宽的空间,形成了可以贯通的回廊。回廊西、北两道各置编钟木架一个。

二重椁东西长4、南北宽1.75、通高1.77米。盖板十五块,长1.75、宽0.20~0.36、厚0.17米。南、北、西三壁椁板各垒砌四块,东壁六块,室内高1.4米。南北二壁墙板长4、高0.20米,东西二壁挡板长1.35、宽0.20米。底板三块,长4.2、宽0.42~0.47、厚0.20米,总宽度1.35米,两侧被南北二壁椁板卡住。三重椁西侧与二重椁之间尚余0.6米宽的空间,形成足箱结构。三重椁室内安放主棺(附五-4、5)。

外藏椁为一层木枋结构,近似方形。东西长3.62、南北宽3.5、通高1.18米。底板十四块,长3.56~3.8、宽0.2~0.3、厚0.16米,

呈南北向平铺,总宽度3.4米。东、西、南三壁墙板各垒砌四块,长3.5~3.55、宽0.16~0.18、内高0.82米;北壁无墙板,与主椁室南墙搭连。盖板十三块,长3.6、宽0.22~0.3、厚0.18米,呈东西向覆盖。椁室内有一隔墙,用三块3.3、宽0.18、厚0.26~0.3米的木料垒砌,分成东西二室。东室宽2米,西室宽1.1米。西墙外壁下扎两根木桩加固(附五-6)。东室内随葬一辆结构完整的木制马车及其他器物;西室内随葬一组

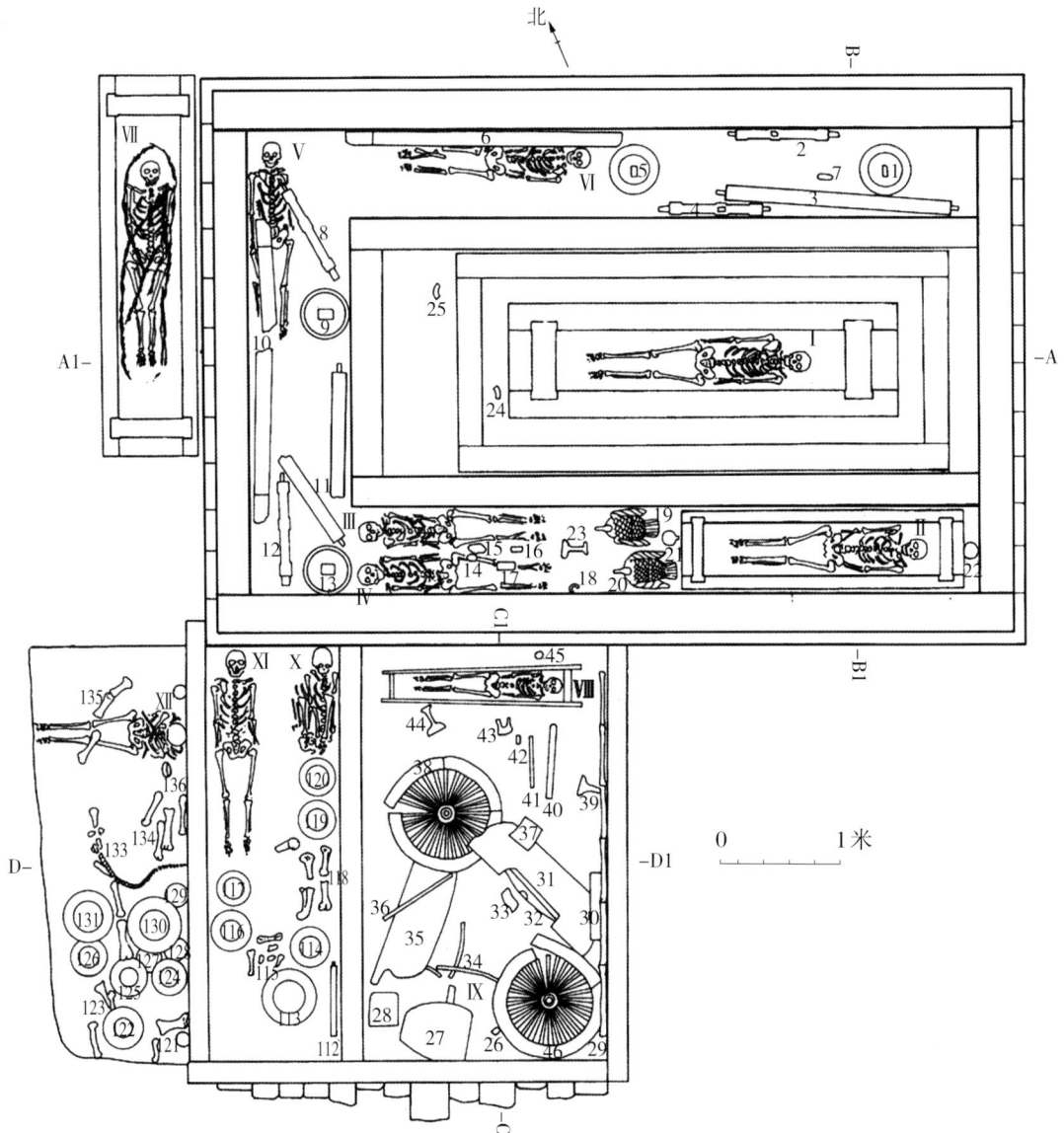

附五-4　运河村战国墓棺椁及随葬品分布平面图

1~6.编钟木架　7.木盒　8~13.编钟木架　14、15.砺石　16、17.铁镢　18、24、25.玉璜　19、20.彩绘木雕雁　21.陶杯

22、23、39、44、96陶豆　26、55.金箔　27.鼓　28、30、33、35、37、56、58.车厢板　29.竹竿　31.前轮板　32.前轸框

34.彩绘木条　36.木条　38、46.轮毂　40、41.木条板　42、57、59、60、78、79、85、86.骨饰扣件　43.铁锸　45.印纹硬陶钵

47~52.轐　53、54.桄　61、62.长形车厢板　63~66.铺首衔环　67~73.帽形柱首饰　74、77.达常　75.钉　76、111.衡梢

80~83.挂钩　84、87、99、109.铜饰残片　88.衡　89.轴和伏兔　90.轸　91.辀　92、93.长条板　94.鼎足　95.插栓（2件）

97、100、102、103.方形车厢板　98、101、104、105、108、110.长条形木板　106.帆饰　107.衡末饰　112.鼓杆

113、114、116、117、119、120、122、124、125、126、130、131.陶罐　115、118、121、123、132、133、134、135.动物骨骼

127、128、129.陶鬲　136.陶钵　Ⅰ~Ⅻ为人骨

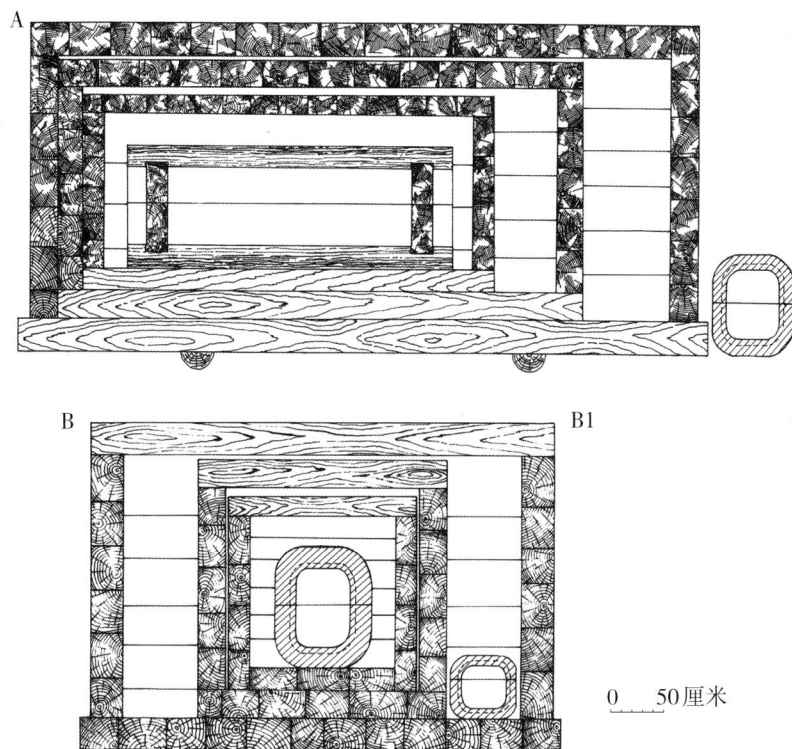

附五-5　运河村战国墓主椁室剖面图

1.棺椁纵剖面　2.棺椁横剖面

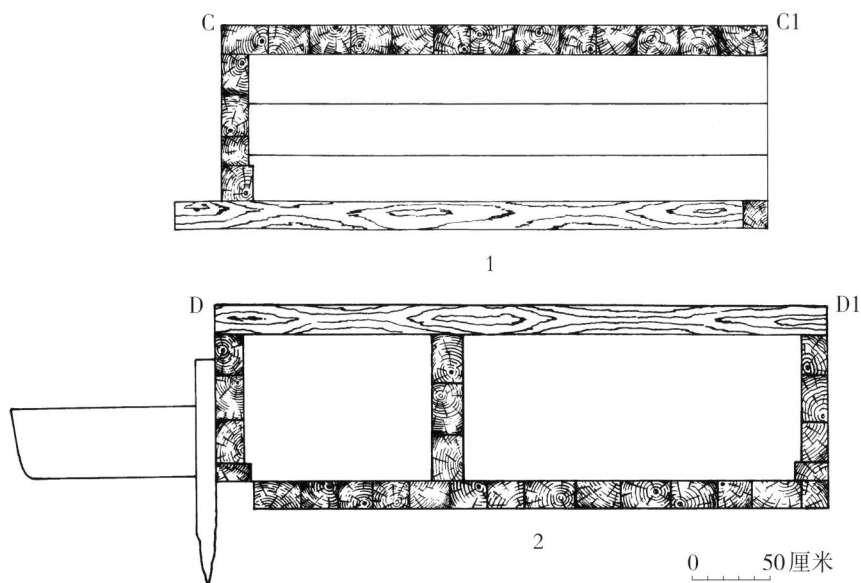

附五-6　运河村战国墓外藏椁、陪葬坑剖面图

1.东室纵剖面　2.外藏椁、陪葬坑剖面

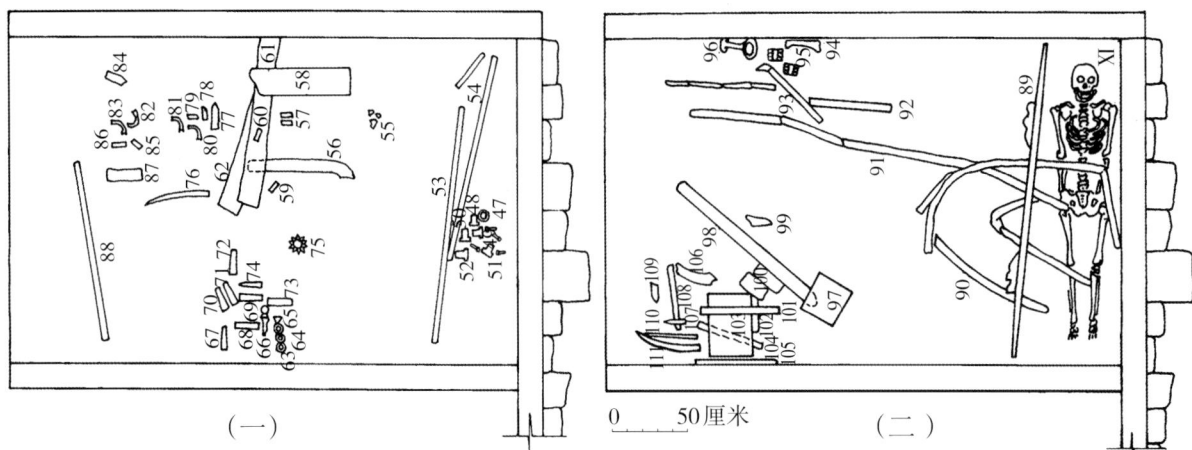

附五-7　运河村战国墓外藏椁东室随葬器物分布图(一)(二)

(一)　47~52.舌　53、54.桃　55.金箔　56、58.车厢板　57、59、60、78、79、85、86.骨饰扣件　61、62长方形车厢板　63~66.铺首衔环　67~73.帽形柱首饰　74、77.达常　75.钲　76.衡稍　80~83.挂钩　84.包角形饰　87.铜饰残片　88.衡

(二)　89.轴和伏兔　90.轸　91.辀　92、93.长条板　94.鼎足　95.插栓(2件)　96.陶豆　97、100、102、103.方形车厢板　98、101、105、108、111.长条形木板　106.軏饰　107.衡末饰　99、109.铜饰残片　111.衡梢

罐类陶器及殉杀的动物等。二室底部都铺垫有木屑与竹席,还发现一些稻壳类(附五-7)。

　　陪葬坑附在外藏椁西侧,浅坑竖穴,无葬具,略呈长方形。坑口长3.4、中宽1.2、深0.4米。坑内亦随葬成组的陶器及殉杀的动物等。坑底先铺垫一层0.2米厚的木屑,再用竹席把陪葬的物体包裹。

　　墓坑与椁室周围填满青膏泥,至墓口封闭。在墓口北侧出现一椭圆形盗洞,直径1.5米左右。盗洞伸至主椁室顶部,向下凿穿三层盖板,直至主棺。然后破开三重椁与二重椁西壁挡板进入外回廊,再凿穿南壁第三层椁板,潜入外藏椁盗扰。在外层椁四角均出现探洞。

　　该墓除墓主人的葬具外,还有大小三具陪葬棺,即主椁室南回廊东侧一具,西墙外北侧一具,外藏椁东室一具(附五-8)。四具木棺均为长盒形独木弧底棺,断面为椭圆形,棺体两端凿出凹槽,上下设置挡板,挡板平面呈"工"字形。主棺长3.15、宽0.9、高1.1米,外髹黑漆并施彩绘(纹饰已脱落),棺内髹朱漆。棺盖中部有0.6米×0.45米的盗口。

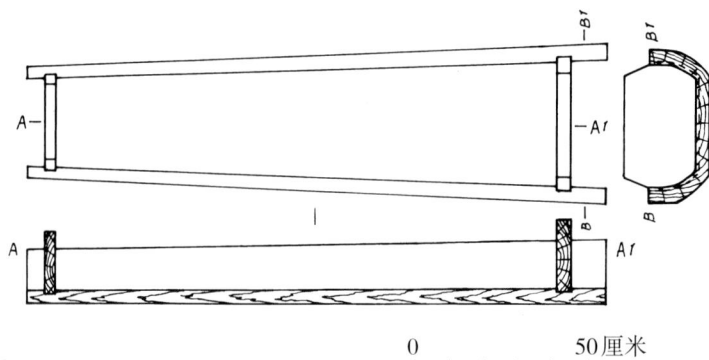

附五-8　运河村战国墓外藏椁陪葬棺平、剖面图

二　人殉与牲殉

此墓共清理人骨12具(编号Ⅰ–Ⅻ),除墓主人遗骸外,其余11具个体均为殉葬者。现将清理状况与人骨初步鉴定分述于后。

人骨Ⅰ,系墓主人遗骸,为中年男性,死者年龄在45岁左右。头骨被盗掘者抛置三重椁内西侧,其它肢骨及盆骨丢弃在棺椁之间,从棺内残存的足骨分析,其头向朝东。棺内遗物彻底盗失。

人骨Ⅱ,为南回廊陪葬棺。仰身直肢,头向东,头骨与主要肢骨保存,为中年女性。棺盖上部凿有长方形盗洞。棺内无物,棺首外壁置一件高柄陶豆。

人骨Ⅲ–Ⅳ,在南回廊西侧。头骨与主要肢内保存,两者并列向西,仰身直肢,为青壮年女性。东部有高柄陶豆、漆绘木雁各二件。

人骨Ⅴ,在西回廊北侧。头骨与主要肢骨保存,仰身直肢,头向北,为壮年女性。足部以南为编钟支架。

人骨Ⅵ,在北回廊西侧。头骨与主要肢骨保存,仰身支肢,头向东,为壮年女性。头部以东放置编钟支架。

人骨Ⅶ,为主椁室西墙外陪葬棺。人骨架保存完整,仰身直肢,头向北,为青年女性,年龄在25岁左右。骨架上下缠绕数道藤索,似致息后用麻布包裹入殓。棺内无物。

人骨Ⅷ,在外藏椁东室陪葬棺。人骨架保存完整,仰身直肢,头向东,为青年女性,年龄在15岁左右。棺内无物。南部为木制马车及其它随葬器物。

人骨Ⅸ,外藏椁东室南侧。人骨架保存完整,仰身直肢,头向东,为青年男性,年龄在20岁左右。骨架之上迭压车舆构件、建鼓等。此殉葬者应是车夫。

人骨Ⅹ~Ⅺ,在外藏椁西室北侧。头骨与主要肢骨保存,二者并排朝北。右侧殉者仰身直肢,为壮年女性;左侧殉者,躯体蜷屈,为青年女性。二者足部以南随葬牲杀的家畜及储存粮食的陶罐。

人骨Ⅻ,在陪葬坑北侧。人骨架保存完整,为壮年女性。上身躬屈向东,面部朝北,背部依靠在西室外壁。颅骨有竹席印痕,下肢被兽骨迭压。南侧随葬牲杀的家畜及陶质炊器等。

在外藏椁西室与陪葬坑内,发现大量动物骨骼。主要为动物四肢骨,不见头骨、胸肋骨、牙齿等。经兽医初步鉴定:所见动物骨骼种类为牛、猪、羊三类,均为偶蹄目家畜。通过兽骨标本分类统计,牛的个体数目为两头,一大一小,大者体形高大粗壮,推测躯重400公斤左右(图版1–8)。猪的个体也不只一头,体重在80公斤以上;羊的个体仅此一只,体重在20公斤左右。根据兽骨与陶器的摆放情况,可以反映这批家畜是宰杀后解肢下葬的。除一牛四肢放置西室外,其余肉骨皆堆放在陪葬坑内。

三　随葬器物

此墓因早期被盗,主椁室与外藏椁青铜礼乐器、容器等珍贵器物洗劫一空。尚存遗物一百三十余件,主要集中在外藏椁与陪葬坑内。其中一辆实用马车,木质构件相对完备,雕工精美,漆绘绚丽。所见器物有陶器、青铜器、铁器、漆木器、骨器、玉石器等,除车马铜饰件保存较好外,其余大部分器物破损。

(一)陶器

23件。主要集中在外藏椁西室与陪葬坑内。有印纹硬陶、泥质红陶、泥质灰陶、泥质黑陶、夹砂灰陶等。器形有鬲、罐、豆、钵、杯五种。轮制为主。

夹砂灰陶鬲　　3件,分2式。

Ⅰ式1件(1:127)。为大口矮裆鬲。扁方体,方唇,沿口外侈,短颈,中腹微鼓。三实足根内收,低裆,裆呈弧线形。沿口上下饰绳纹。口径20.4、高17.6厘米(附五-9:1)。

Ⅱ式2件。为大口高裆鬲。近似方体,方唇,沿面内斜,短颈,

上腹微鼓。裆较高,裆部弧线形,袋状足,三实足根内收。沿口以下饰绳纹。1:128,口径20~20.4、高17.6~18.8厘米(附五-9:2)。

泥质陶罐　　12件,分4式。以红陶为主,少数灰陶,复原器形9件。

Ⅰ式2件。器形硕大。折沿尖圆唇,沿面略向内斜,短颈内束,大圆腹,平底。颈部以下饰绳纹和弦纹。1:113,口径24、高42厘米(附五-9:6;附五-11:3)。

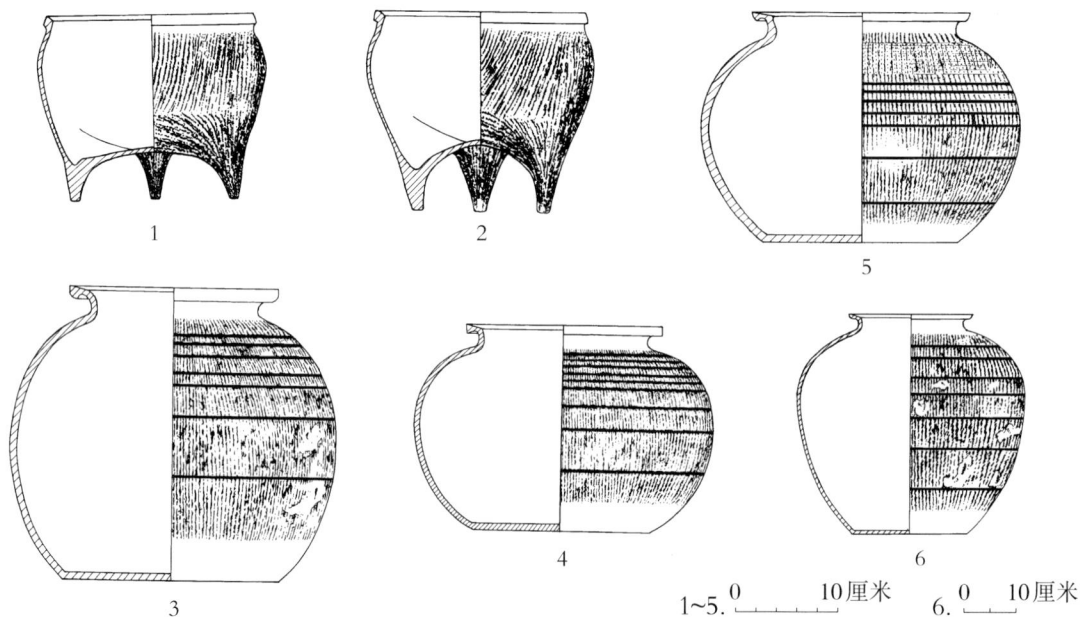

附五-9　运河村战国墓出土陶器
1.Ⅰ式鬲　2.Ⅱ式鬲　3.Ⅱ式罐　4.Ⅲ式罐　5.Ⅳ式罐　6.Ⅰ式罐

Ⅱ式3件。折沿方唇,沿面内斜,短颈,圆腹,大平底。颈部以下饰绳纹和弦纹。1∶116,口径20、高27.4厘米(附五-9∶3)。

Ⅲ式2件。与Ⅱ式大致相同,唯腹部扁鼓。1∶126,口径19.6、高20厘米(附五-9∶4)。

Ⅳ式2件,折沿尖圆唇,沿面内斜,短颈,扁鼓腹,大平底。颈部至肩部饰小方格纹,腹部饰绳纹和弦纹。1∶124,口长21、高21.6厘米(附五-9∶5;附五-11∶2)。

以上陶罐的共同特征是腹径大于通高,部分底径大于口径。纹饰以竖线绳纹与间断弦纹相组合,肩部至颈部的纹饰逐渐细密。

黑陶豆　4件。形制相同。浅盘,腹壁圜,粗高柄,嗽叭形座。下部饰三周麦纹。1∶44,口径14.8、高22.7厘米(附五-10∶1)。

灰陶钵　1件(1∶136)。敛口,圆唇,下腹斜收,底内凹,上部饰二道弦纹。口径13、高6厘米(附五-10∶2)。

印纹硬陶钵　2件,残片。薄胎,内呈紫红色,表面为灰色。敛口,尖唇外侈,圆腹,平底。口沿下附一对贯耳。腹饰细密的麻布纹。1∶45,口径6.6、约高5.5厘米(附五-10∶3;附五-11∶1)。

黑陶杯　1件(1∶21)。直筒腹,口径小于底径。下腹饰六道凹弦纹,其间缀饰细小的云雷纹。平底有三个扁圆形矮足。附一兽形手柄。口径8.4、高9.2厘米(附五-10∶4)。

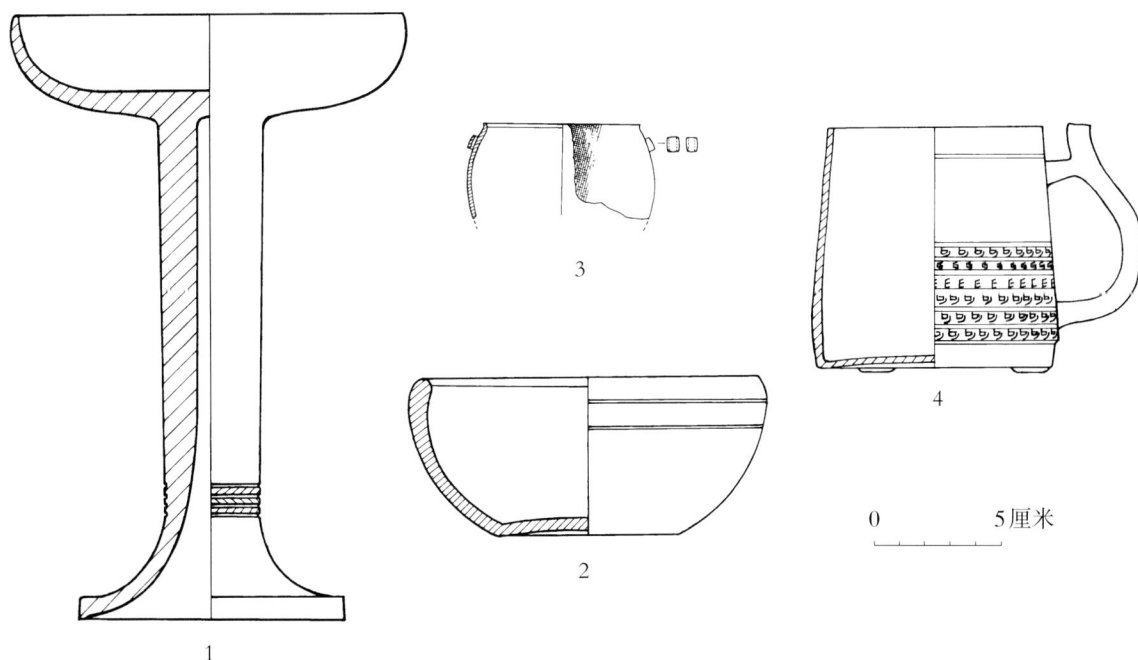

附五-10　运河村战国墓出土陶器

1.黑陶豆　2.灰陶钵　3.印纹硬陶钵　4.黑陶杯

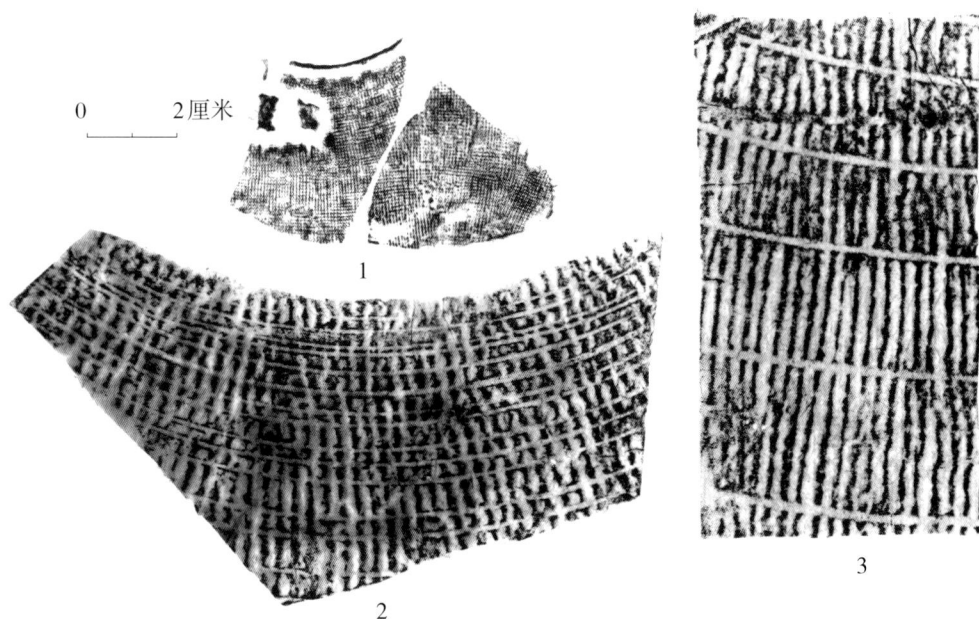

附五-11　运河村战国墓陶器纹饰拓片
1.印纹硬陶钵　2.Ⅳ式罐　3.Ⅰ式罐

(二)青铜器

50件。全部出在外藏椁东室。除1件鼎足外,其余均为车马饰件。

鼎足　1件(1∶94)。蹄形足,圆柱体,粗壮敦厚,外撇。前后中脊起棱。高15.2、底足宽5.2厘米(附五-12∶1)。

车耆　6件,分2式。

Ⅰ式4件。圆筒状,直口,折沿,平底,顶端无当。沿下横插一长条形辖,辖首与辖末皆有穿孔。四周上下有腰箍二道。通体饰六圈绹纹,辖首饰兽面纹。1∶48,内口径4.7、高7.1厘米(附五-12∶2)。

Ⅱ式2件。与Ⅰ式不同之处,体薄,底座内凹,上箍饰一圈折线纹,下箍与耆末各饰一圈变体云雷纹,中腰与沿下各饰一圈绹纹。1∶50,内口径4.4、高7厘米(附五-12∶3)。

钉　2件。齿轮状,外侧边缘有十个三角形齿,向外平伸,齿尖锋利。齿面饰蝉尾纹,外圈饰绹纹,内圈饰卷云纹。内侧为圆管状,外部用白锡箍裹。1∶75,外齿直径10.3、管口径3.6、高3.5厘米(附五-12∶4;附五-14∶1)。

铺首衔环　4件,分2式。

Ⅰ式2件,有铺首。鼻环粗大,饰四道纵向云雷纹。后铤粗长。环上通饰六圈勾连云雷纹。1∶66,铺首上宽7.2、通长13.5、环外径6厘米(附五-12∶5)。

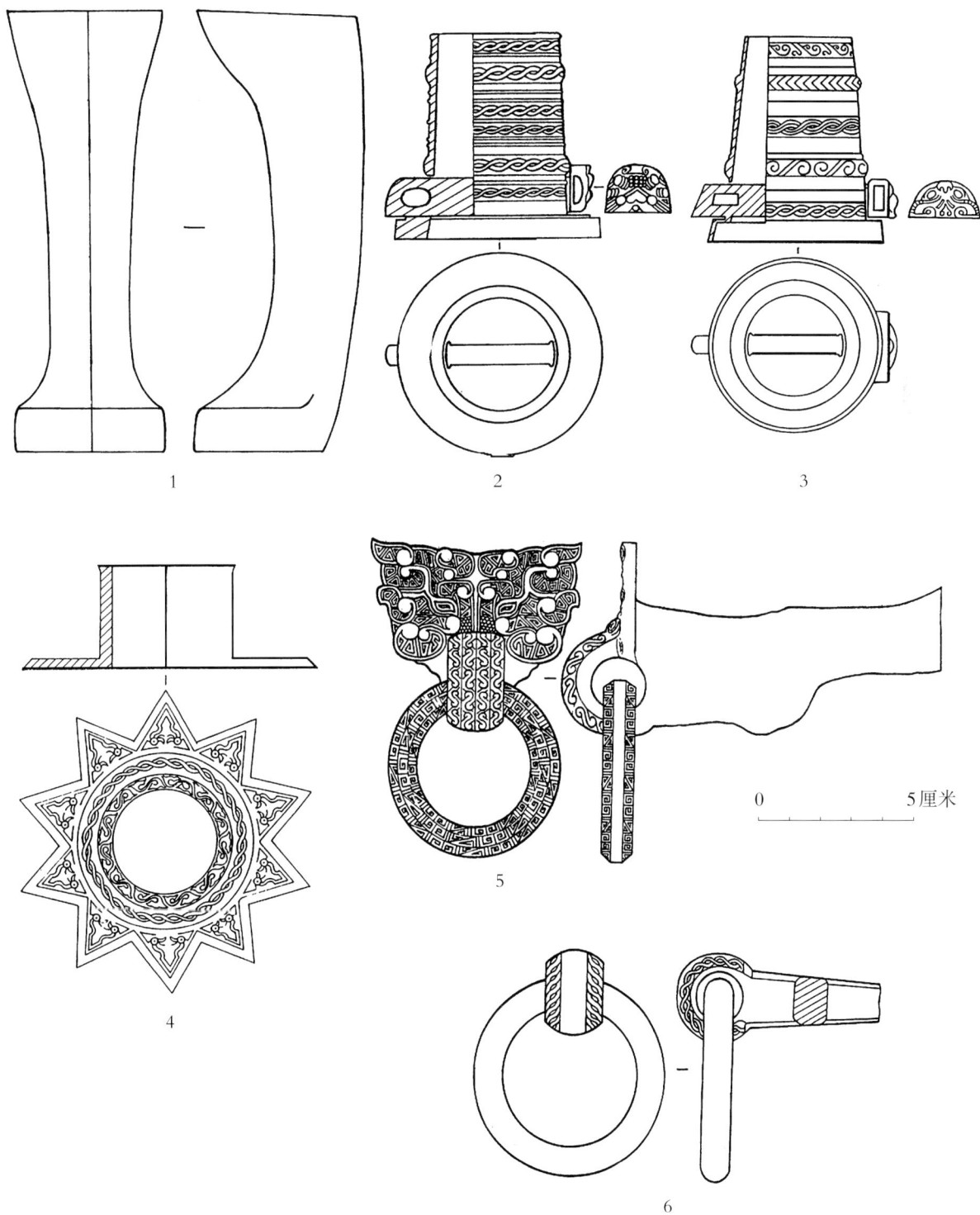

附五-12　运河村战国墓出土铜器

1.鼎足　2.Ⅰ式车軎　3.Ⅱ式车軎　4.钲　5.Ⅰ式铺首衔环　6.Ⅱ式铺首衔环

Ⅱ式2件。无铺首。鼻环较小,饰二周云雷纹。后链细短。1：63,长7.2、外径6.7厘米(附五-12：6)。

柱首饰　7件,形制尺寸相同。长帽管状,素面,上粗下细,顶部微凸,1:70,长17.7、管径3厘米(附五-13：1)。

钩　4件。直角弯曲,下粗上细。钩分双叉向上,下半截为扁管状。1：80,上高5.4、下长5.5厘米(附五-13：4)。

达常　2件。形制尺寸相同。锥管状,管体呈八棱形,素面,首部有一扁锥形帽顶。1：77,长14.5、口径4厘米(附五-13：2)。

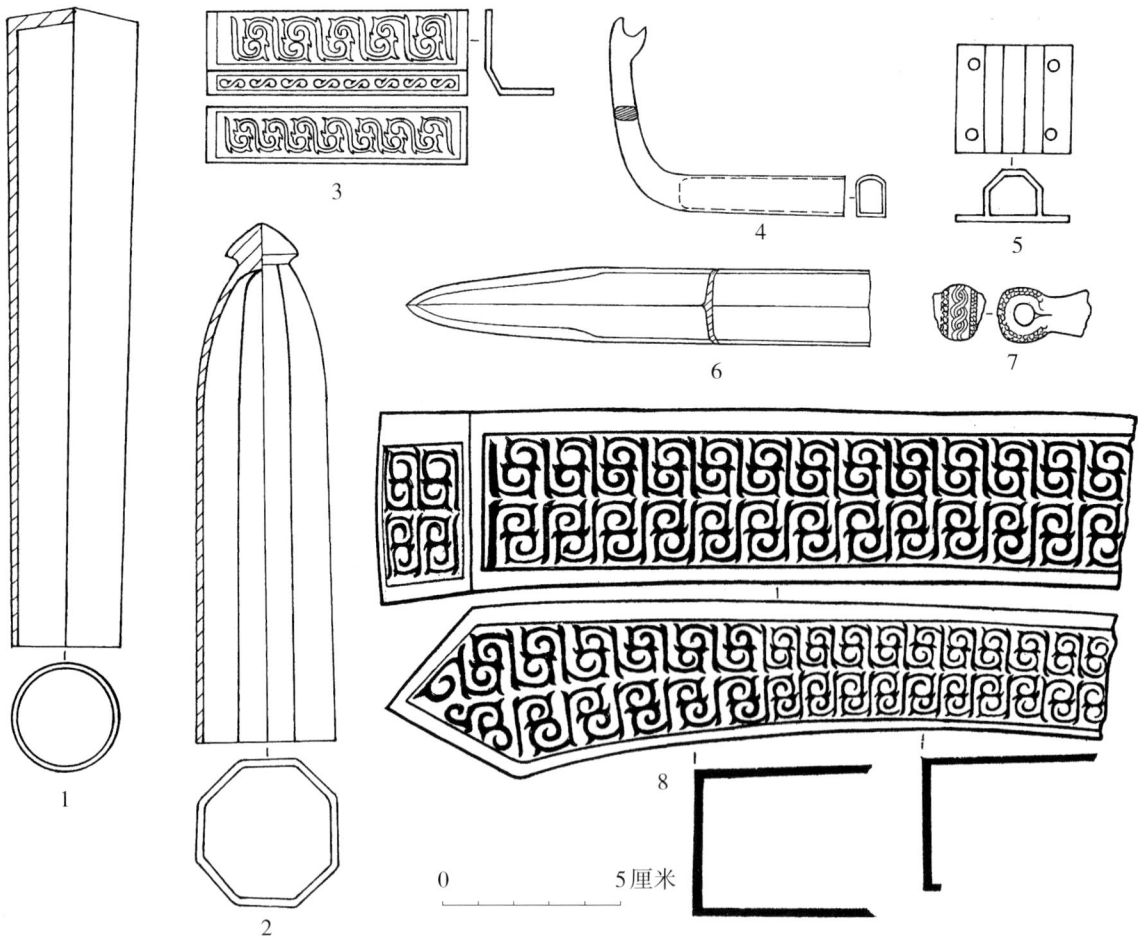

附五-13　运河村战国墓出土铜器

1.柱首饰　2.达常　3.包角形饰　4.钩　5.插栓　6.衡末饰　7.钮　8.帆饰

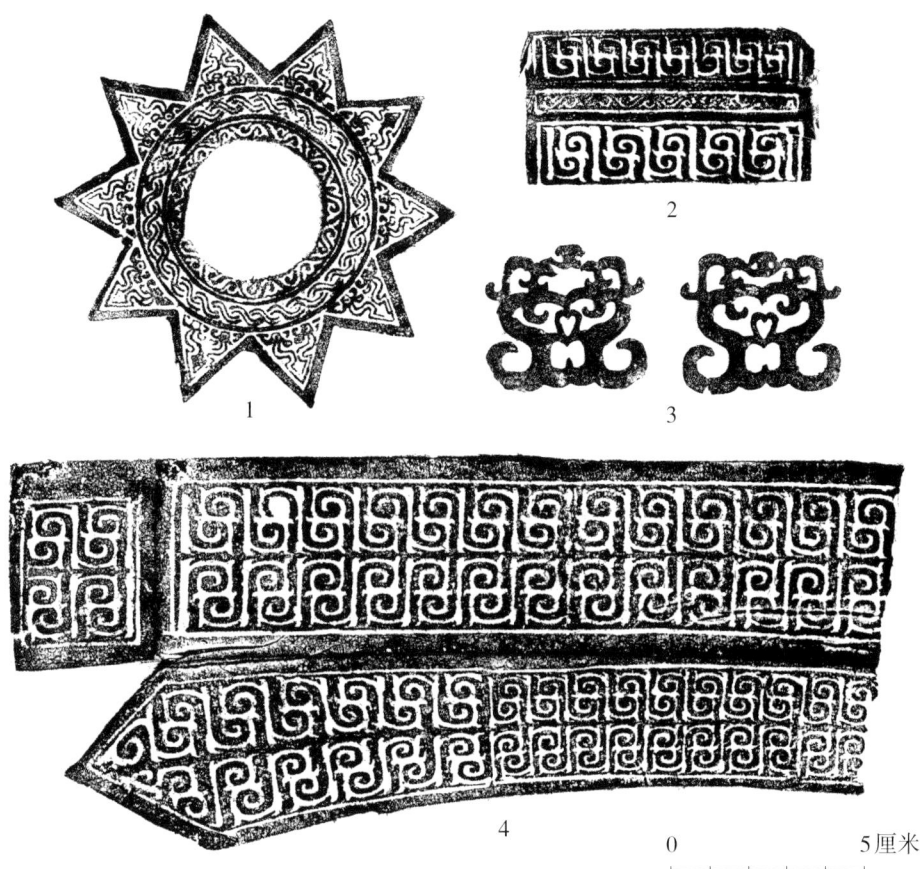

附五-14　运河村战国墓出土铜器拓片

1.钎　2.包角形饰　3.龙形镶饰　4.帆饰

　　包角形饰　2件。矩尺形,拐角面较宽,上刻细小云雷纹,两侧为勾连云纹。1:84,长7.4、宽2.3厘米(附五-13:3;附五-14:2)。

　　帆饰　1件(1:106)。为左侧残件。长条形,首端宽于内侧,向内弯曲,作三角形封闭,截面呈"Π"形,向内呈"Γ"形。上面与外侧面饰勾连云雷纹。末端宽5、高5厘米(附五-13:8;附五-14:4)。

　　插栓　2件。方形底座,四角有卯眼,中间为五面桥形栓孔。1:95,底宽3、高1.4厘米(附五-13:5)。

　　衡末饰　1件(1:107)。矛状,体短小且薄,单面双刃,前端尖锋利刃,正面前端中脊起棱,背面内凹。长13.3、中宽2厘米。出土时附在木衡之上(附五-13:6)。

　　钮　12件。圆鼻形,中有横棱,正面饰绹纹,两侧饰连珠纹,后链粗短。长2.5~3、孔径0.5厘米。出土时多安装在车箱板上(附五-13:7)。

　　龙形镶饰　6件。薄片状,正面略厚,背面平整,属铸造制成。为变形龙纹,二龙相对连体,上爪对合作鸡心状,前角交触呈鸟冠状。长 4、宽 3.5 厘米(附五-14:3)。

（三）铁器

3件。均为生产工具。

锸　1件(1:43)。凹字形銎,侧面三角形。弧刃,刃宽于銎首。刃缘一面平直,一面斜切。长 10、刃宽 9.4 厘米(附五-15:1)。

镢　2件。同在主椁室南壁盗洞处,出土时镢面粘结许多木屑,似为盗墓用具。一大一小,形制相同。长方形,直刃,侧面呈三角形。长方形銎,刃略小于銎首。1:17,大件长 14、刃宽 5.6 厘米;1:16,小件长 8.8、刃宽 3.8 厘米(附五-15:2、3)。

（四）玉石、骨器

16件。玉石器发现在主椁室,骨器为外藏椁东室马车扣饰件。

玉璜　3件,分2式。

Ⅰ式2件。玉色青白、形制、大小、纹饰相同。扁平圆弧形,两端齐平,作兽面状。边缘起扉棱,中背镂一小孔。双面刻浅浮雕云纹,其间施以阴刻斜线将璜面分成三段。1:24,长 11.5、宽 3、厚 0.5 厘米(附五-16:1)。

Ⅱ式1件(1:18)。墨玉质,半环形,二面刻双层浅浮雕谷纹,背中剖镂有系孔。长 8、宽 1.8、厚 0.5 厘米(附五-16:2)。

砺石　2件。砂质岩,大小各一,不规则形,有多磨砺面。1:15,大件长 16、宽 7、脊厚 2.7 厘米。与二件铁镢同出一处。

骨扣饰　11件。长方形,内凿凹形扣槽,上面与两侧刻云雷纹、羽翼纹。长 6~7.7、宽 2.1、高 1.8~2.2 厘米(图十六:3~7)。

（五）马车木构件与其他木器

马车木构件31件。均出在外藏椁东室,同属一辆车舆。随葬时将两轮拆卸,车身向北。轮、轴、辐、衡、轸、建鼓等主要构件保存较好,形制完整,且有一定数量的雕纹车厢板。但装置在车舆上的青铜饰件已被撬碰劫取,大量的彩绘藤条折断,车厢结构遭受一定程度的扰乱和破坏。发掘时散见许多金箔与漆

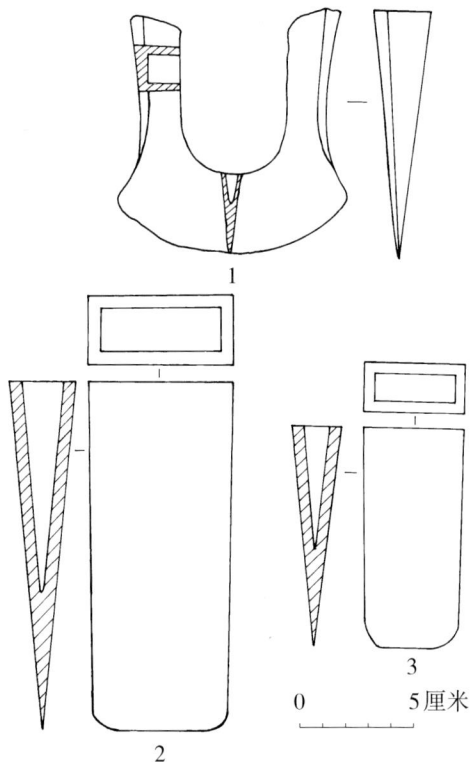

附五-15　运河村战国墓出土铁器
1.锸　2、3.镢

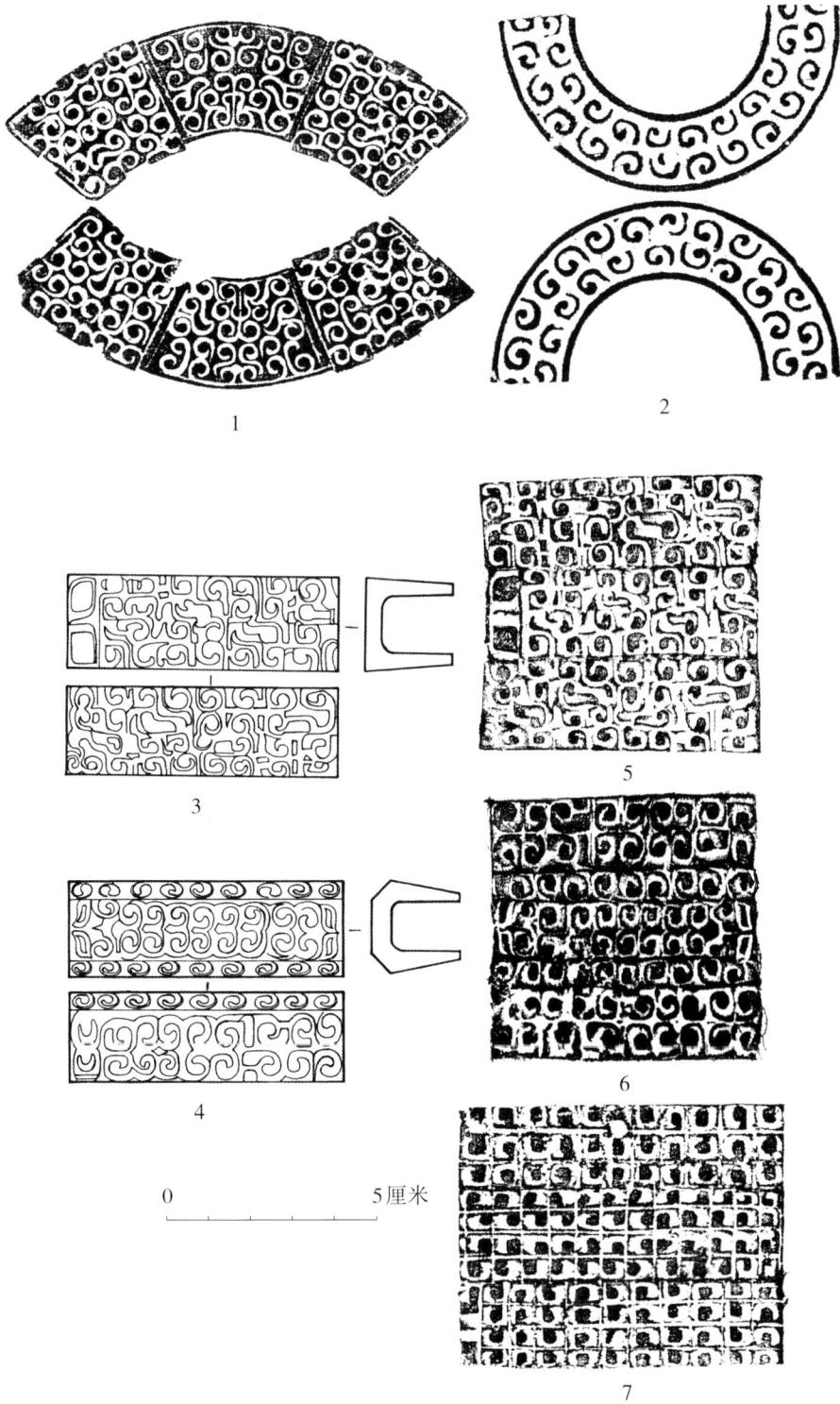

附五-16　运河村战国墓出土玉石、骨器

1.Ⅰ式车璜　2.Ⅱ式璜　3、4.骨扣饰　5、6、7.骨扣饰拓片

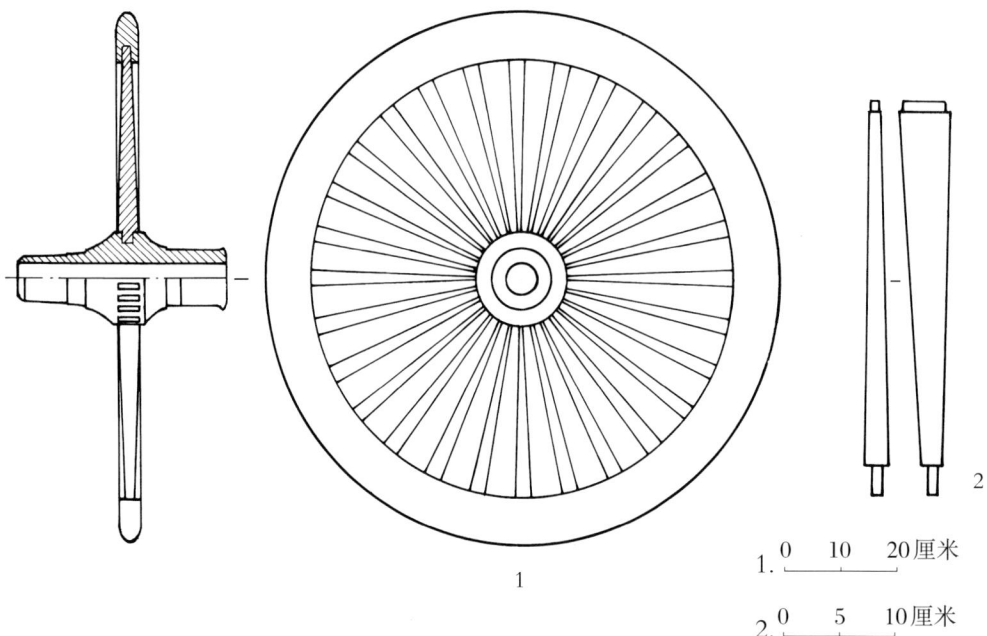

附五-17　马车木构件
1.轮　2.辐

绘残片,彩绘纹饰有花瓣纹、蝶状卷云纹、涡纹、几何纹等图案(附五-33)。还发现有车茵编织物的残迹。

　　轮与毂　各2件。1:38,轮径94、牙宽8、中厚4厘米。辐28根、除去两端榫头长31厘米。内为扁条状,宽3.8厘米;外为圆柱体,直径2厘米。毂长38厘米、贤端外径11、孔径5.5厘米;职端外径10、孔径4厘米。毂中部鼓凸,直径约16厘米。平面上刻有28个凹槽以置车辐,凹槽长4、宽0.8、深2厘米(附五-17:1、2)。

　　轴与伏兔　1件(1:89)。轴为整根木料制作,中段为上圆下平的扁圆柱体,中长114、左右两端为40厘米的圆柱体,向外斜收渐细,总长194、中宽5.4厘米。伏兔附在轴上,内有凹槽与榫眼,上有二道伏窝。两侧及底部雕刻蟠螭纹。长25、宽5、高7厘米。间距114厘米(附五-18:1、2)。

　　辀　1件(1:91)。由整根木料刮削揉制而成。出土时已断多截,除头梢略有缺损,整体形制完整。辀尾与辀颈为圆柱体,两端较细。辀身平直扁宽,截面呈椭圆形。至163厘米处起翘,逐渐向上弯曲。顶端套一方形木质轵首。总长约295厘米,上曲高度约100厘米(附五-21)。

　　轸　1件(1:90)。由两根木料揉制交接而成。每根木料直角弯曲,粗截为左右轸架,细截为前后轸架。细截末端再直角曲与另一根木料首端相接,用皮条捆缚。轸架上凿有矩形方孔。左、右、后轸平面有成排的圆孔。清理时在左右轸架上发现腾条呈斜线等距交织,同时出土车茵编织物残片。左右轸架宽4~4.5、厚2.5~3厘米;前后轸架宽3~4、厚2~2.5厘米。依出土时测量,轸架前后约长110、左右约宽100厘

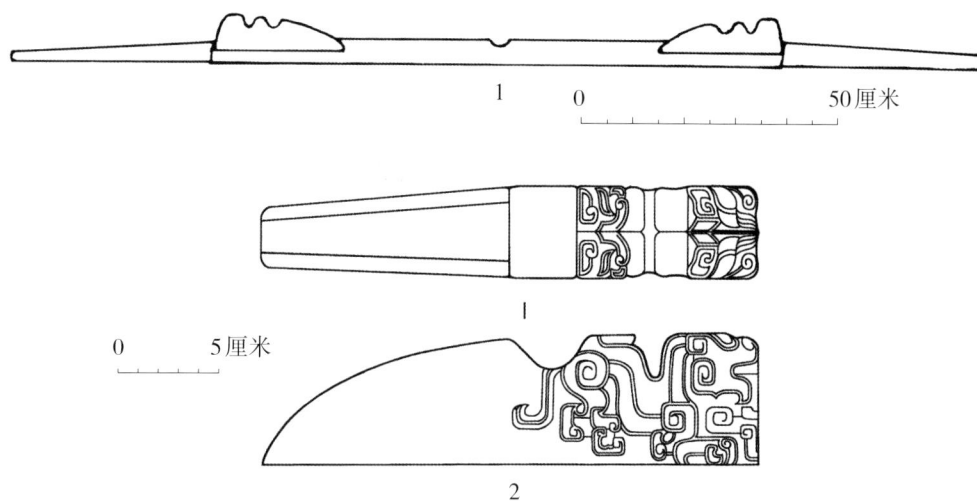

1

0   50厘米

0   5厘米

1

2

附五-18 马车木构件
1.辀与伏兔 2.伏兔

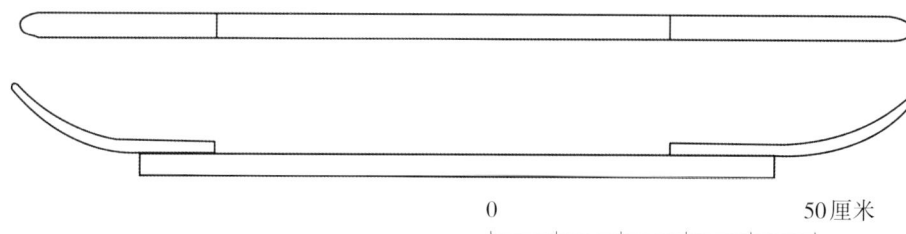

0   50厘米

附五-19 衡

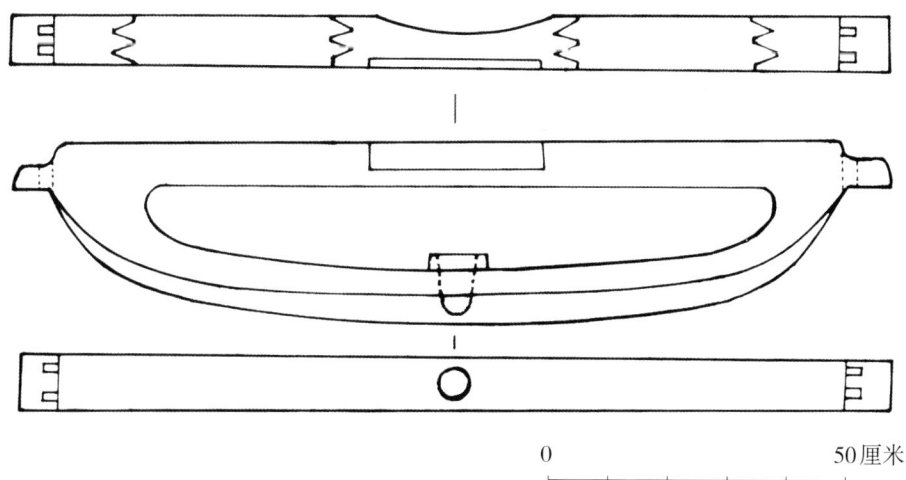

0   50厘米

附五-20 前轸框

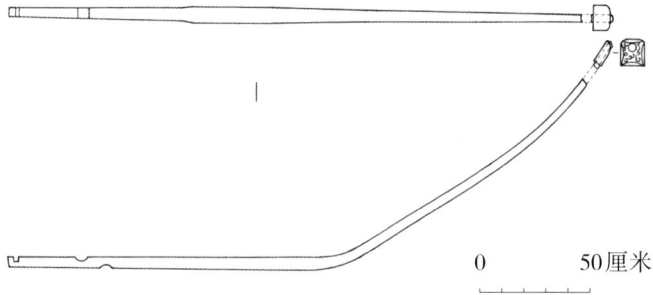

附五-21　辀

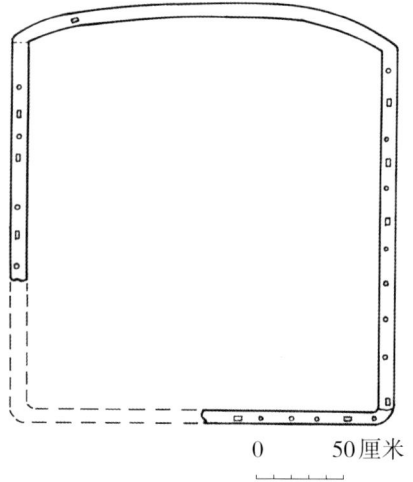

附五-22　軫

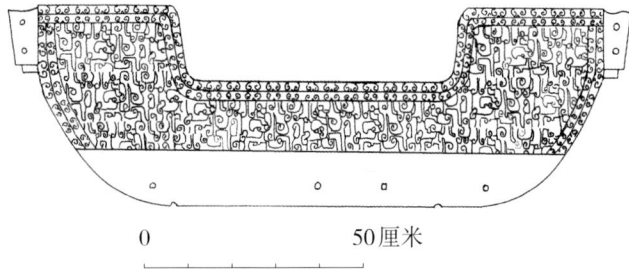

附五-23　前轸板

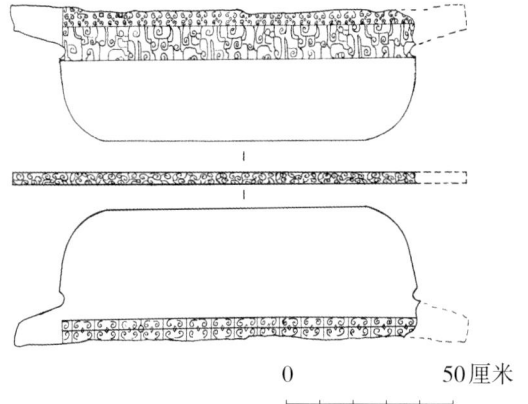

附五-24　左厢板

米(附五-22)。

　　衡　1件(1∶88)。主衡木为直径3厘米的圆木棒,两端安装向上弯曲的角形衡末,附矛式铜件。全长135厘米(附五-19)。

　　前轸框　1件(1∶32)。整木砍凿而成。前框为弧形,正面向外倾斜,中间凿一直径5厘米的圆孔,圆孔内侧突出椭圆形套管,车辀前端贯穿于此。后框平直,中部有浅平的凹面。底部中心有弧形凹槽,与前框圆孔对应,外侧左右刻有齿状纹,两端各有二孔。板面留有编织物印痕。长138,中宽28,厚8.5厘米(附五-20)。

　　前轸板　1件(1∶31)。肩匣形,两肩上昂,中间内凹,两边向下圆弧,至底部平直,底边有四孔,正面雕刻蟠螭纹,四边缘饰云雷纹。长142.5、宽44、厚3厘米(附五-23)。

　　左右厢板　2件。右厢板损坏严重。两侧上方伸出触角,角下有肋窝,下部向内弧曲,至底部平直。

一面上沿雕刻细小的云雷纹,下方雕刻粗犷的蟠螭纹;另一面上沿仅饰云雷纹。板面安有系扎的铜钮。1∶35,长130、宽37、厚2.5厘米(附五-24)。

长条形厢板　2件。正面主刻蟠螭纹,四周边缘刻云雷纹,两端各有四孔。1∶61,长106、中宽17、厚2厘米(附五-25)。

小方板　4件。方座形,台面四角有椭园形穿孔,台底内凹。1∶103,边长22、高3.5厘米(附五-26)。

桄　2件。出土于轸架内,附在辀的两侧,与之平行。1∶53,一根残长81厘米,另一根残长58厘米,截面均为2.5厘米×2.5厘米。二根底部中心皆有一半圆形凹槽,与轴契合。此槽至完好一端均为55厘米,由此推测车舆长度在110厘米左右。

轵　出土多根,多已折损,较长者仅存五根。轵面见有彩绘。残长17~130厘米,截面均为3厘米×1.5厘米。

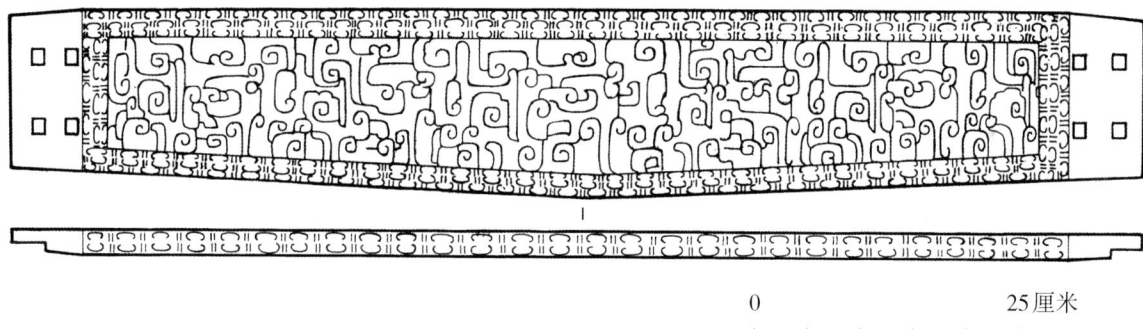

附五-25　长条形箱板

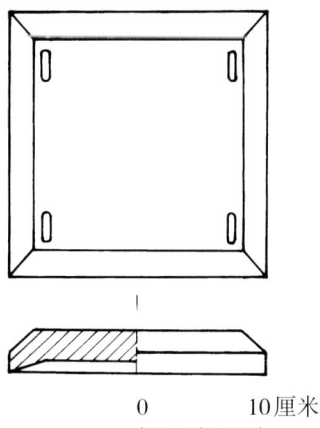

附五-26　小方板

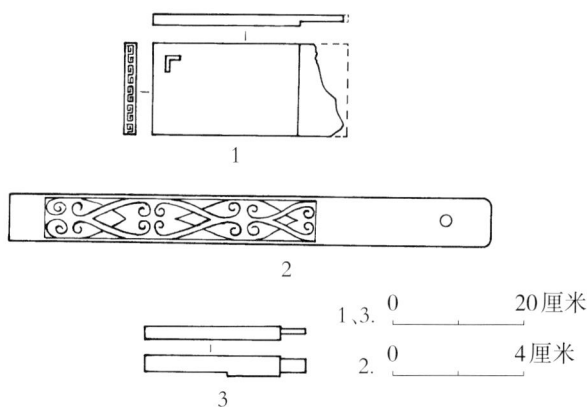

附五-27　马车木构件

1.长方形凸槽　2.彩绘藤条　3.车对

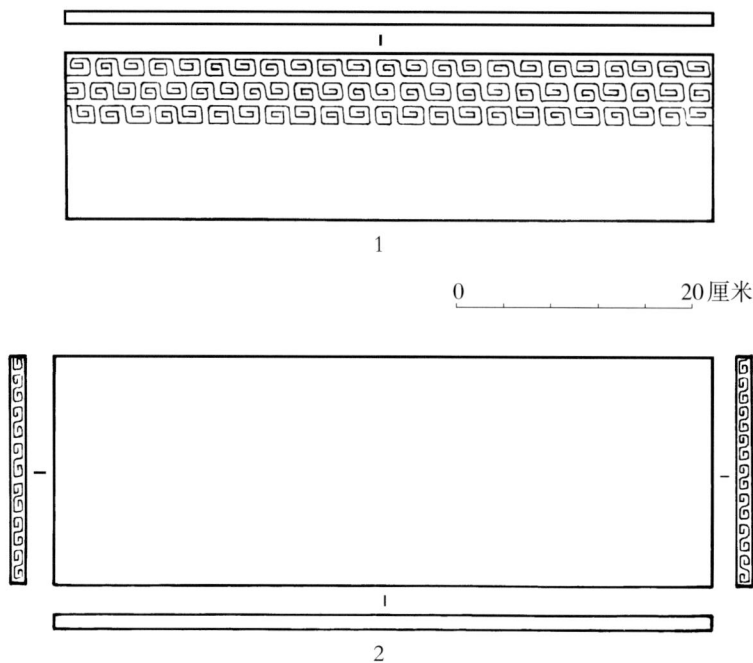

附五-28　长方形雕花板（1、2）

其他车厢板　4块。一块为长条形木板，长25.5、宽3、厚2厘米。一端有榫，榫长4、宽2、厚0.5厘米，似为车对（附五-27：3）；一块为长方形雕花板，长57、宽19、厚1厘米。两头刻云雷纹，似为后厢门板（2）；一块亦为长方形雕花板，长56、宽14、厚1厘米，上方刻有6厘米宽的蟠螭纹带（附五-28：1）。一块同为长方形雕花板，口沿刻有云雷纹，背面有矩尺形凸槽，一端板面内凹。残长32、宽14、厚1.5厘米（附五-27：1）。

彩绘滕条　数量居多，长短不一。其形制有二：其一截面为半圆形，宽1、厚0.7厘米；其二是扁平状，宽1.3、厚0.5。二者正面均为黑底红彩，饰几何形云纹（附五-27：2）。

建鼓　1件（1：27）。鼓身为整木刳凿制成，表面髹漆。长56、口径26、腹径46，边壁厚2.5厘米。两端乳钉带宽9厘米。口沿圆弧，较腹壁增厚。鼓身中部上、下有一对穿的柱孔，上孔为方形，边长6厘米。鼓柱为扁条形木杆，截面为5厘米×2.5厘米，上端为方形榫头，边长6厘米，顶部呈圆柱体，已残损。下有一道凹槽。底部有一榫头，柱杆中间断缺。推测鼓柱高达1米以上（附五-29：1、2）。

另外，在外藏椁东室东侧边缘，还发现一根六节竹杆，长292、粗径6厘米。其用途不明。

其他木器5件，均出在主椁室回廊内。

编钟木架　2件。分别安置在西、北两边回廊内，西回廊支架损坏严重，北回廊支架保存较好。1：1~6，支架分上下两层，上层横木两端雕刻蟠螭纹，横木下方有九个贯穿的圆孔，底部凿有九个长方形卯

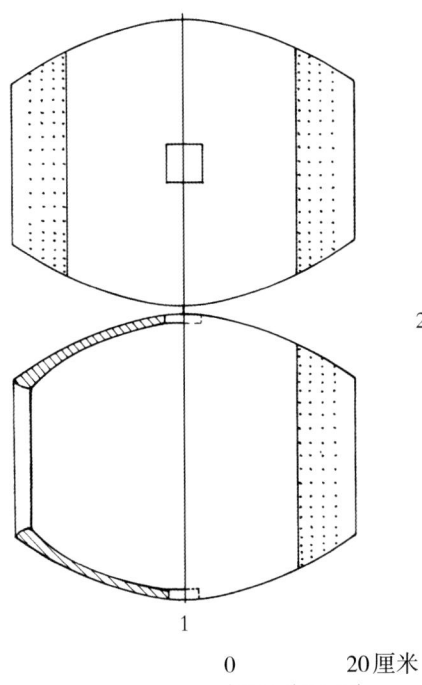

附五-29 木建鼓

1.鼓 2.鼓柱

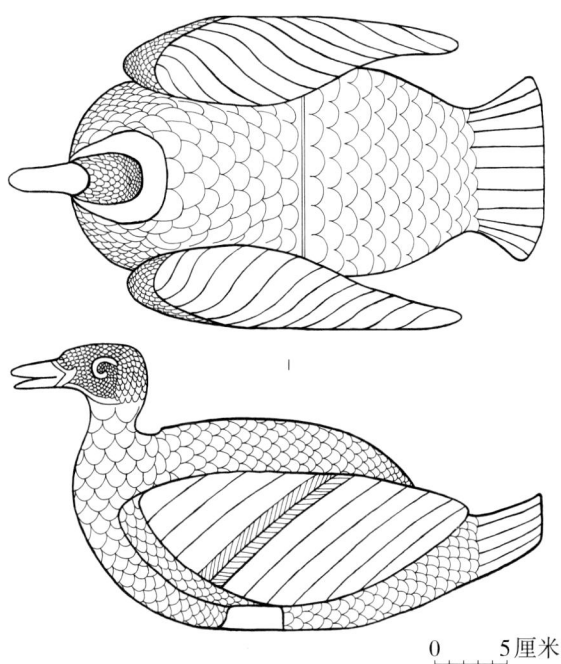

附五-30 漆绘木雁

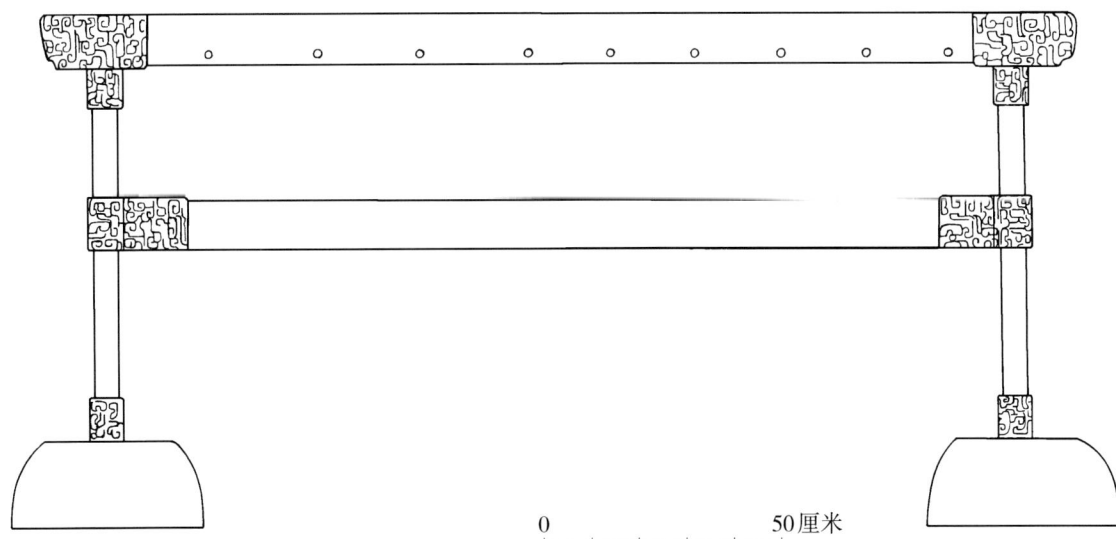

附五-31 编钟木架复原组装图

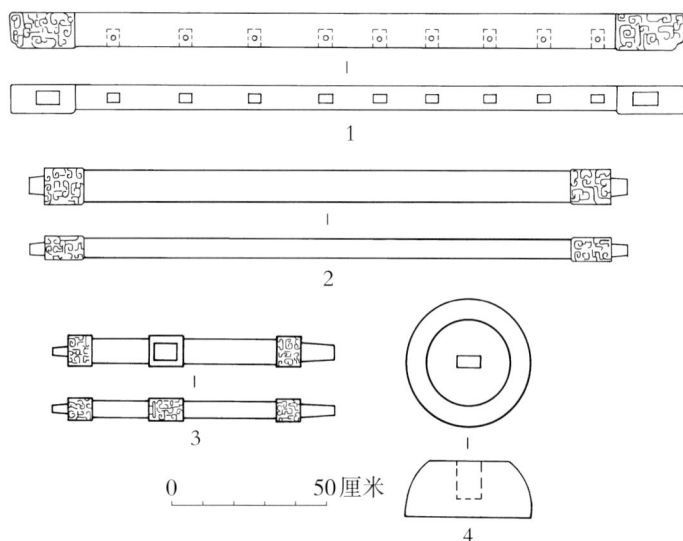

附五-32　编钟木架

1.上层横木　2.下层横木　3.方形支柱　4.底座

附五-33　漆器纹饰

眼,与圆孔相垂直;下层横木两头有榫,两端也雕刻蟠螭纹。支柱左右两根,方形柱体,柱体分上、中、下三节凸面,四周雕刻蟠螭纹。底座为平面半球形,中心凿有长方形柱孔。整个支架长224、通高108厘米(附五-31;附五-32：1~4)。

漆绘木雁　2件。首尾破损。雁身整木雕琢,雁作蹲伏状,昂首翘尾,两翼微张,隆背平腹。腋下两侧凿有足槽,颈部与头部用榫卯插合。黑漆红彩,通体绘羽翼纹。1：19,长48、中宽28、高18厘米(附五-30)。

木盒　1件(1：7)。缺盖,椭园形,子母口,口沿宽厚,胎壁单薄。长13、宽5厘米。

四　结　语

运河村木椁墓是我馆继高庄墓之后再次发掘的一座大型东周墓葬,是江苏地区先秦考古发现的规模最大、结构最为奇特的贵族墓葬。该墓随葬器物虽惨遭盗扰,但作为一处宏大的古代墓葬建筑,其重要的历史价值与艺术价值依然存在。下面对墓葬有关问题作初步探讨。

(一)墓葬的国别。运河村墓与高庄墓虽然同属一个大的墓地,但其文化面貌有较为明显的区别。高庄墓随葬了大量的富有越文化特征的几何印纹硬陶和原始瓷器[1],而运河村墓不见原始瓷器。

仅发现个别印纹硬陶小件。在陪葬坑内发现了最具特色的楚式鬲及以其为主构成的鬲、盂(钵)、罐、豆陶器组合。其中鬲与豆与楚文化同类器物完全一致,残存的青铜鼎足也具有典型的楚器特征。在墓葬形制、葬具结构也与高庄墓相异,如墓口上堆筑高大的封土,开挖斜长的墓道,三层套合的棺椁结构,墓坑与坑口填封白膏泥,墓内使用竹席殓葬,绮丽精巧的漆木器和新颖别致的花纹图案等,都充分体现出楚墓的埋葬特点。据此,运河村墓应属楚国的墓葬。

(二)墓葬的时代。1978年发掘的高庄墓可能是战国早、中期的越国墓葬[2]。运河村墓出土的泥质灰陶罐、印纹硬陶钵、铁锸及车马饰件的铺首衔环、釭、軎、軓饰等,在形制、尺寸、纹饰上与高庄墓同类器都有不少的相似之处,说明两墓下葬的年代不会相距甚远。三件夹砂陶鬲为高锥形足(实足根部已具有高柱形特征),四件黑陶豆为浅盘高柄,与江陵雨台山楚墓第四期的B型鬲和第五期的Ⅲ式豆相似,皆属战国中期[3]。其中,高裆鬲与江陵望山一号墓陶鬲尤为相同。葬具结构与湖北江陵天星观一号墓比较相仿,后者的下葬年代在公元前340年前后,即楚宣王或威王时期[4]。从文献考证,淮安在战国早、中期属越国的势力范围,至公元前306年,楚灭越,设郡江东。其实,淮安及苏北运河以东地区,在楚威王时(公元前339–前329)已归属楚国。《史记·越王句践世家》:"楚威王兴兵而伐之,大败越,杀王无疆,尽取故吴地至浙江,北破齐于徐州。而越以此散,诸候争立,或为王。或为君,滨于江南海上,服朝于楚"。据对洪泽湖地区十一个县区出土先秦货币调查资料分析,出土的蚁鼻钱均为"咒"字贝,说明本地区是流通统一后的铜贝[5]。楚铜贝统一的时代大抵是战国中期。朱活先生认为:"在江浙、鲁南出土"咒"字贝的地方,有的就相当于怀王灭越,有的相当于考烈王灭鲁以后属楚的地区[6]。以此推断,运河村墓的年代大约在战国中晚之交,上限不超于楚威王时期。

(三)墓主人的身份。《中国考古学·两周卷》将楚墓分为五个大的类别:第一类为"甲"字形,多重棺椁多室大型墓。有大型封土堆,单墓道。木椁长在6米以上,棺在三四重之间。或有殉人、陪葬坑和车马坑。随葬品以成套的青铜礼器为主,有编钟和编磬。这类大型楚墓的墓主人应为封君、卿或上大夫等高级贵族[7]。上述这些标准运河村墓与之基本相符。该墓青铜礼乐器被盗取殆尽,但主椁室回廊放置的两套编钟支架保存。根据礼书记载,凡使用乐器,天子用编钟四套,诸侯三套,大夫二套,大一套。[8]可见墓主人已在大夫之列。该墓葬具为三椁一棺,或称一椁三棺。《荀子·礼论》:"天子棺椁七重,诸侯五重,人夫三重,士再重"。彭浩先生考释为:"庶人用单棺,士用一椁一棺,下大夫用一椁二棺,封君用一椁三棺"。[9]据此,运河村墓主人又在封君之列。与同期同类别楚墓对比,江陵天星观一号墓葬具是一椁三棺,椁长8.2、宽7.5、高3.16米,墓主是"邸旟君番勳",当属楚国的封君;[10]江陵望山二号墓也使用一椁三棺,但椁室规模较小,椁长5.08、宽2.96、高2.5米,其身份相当于下大夫,[11]而运河村墓椁室小于天星观一号墓,又大于望山二号墓。再者,此墓外藏东室随葬了一辆完整的木制马车,这也是贵族身份的佐证。《战国策·冯谖客孟尝君》歌曰:"长铗归来乎,出无车!"综上所述,可以大体确定墓主人身份应在大夫之列。

(四)人殉与牲殉问题。此墓共殉葬十一人,头骨与主要肢骨保存基本完整,所处位置也未扰乱,多以仰身直肢。除一青年男子外,其余皆为青、壮年女性。根据殉者的安葬位置及有无葬具,大致可以分辨出各自的地位与身份。例如,三具陪棺者应当为墓主宠爱的侍妾;回廊四个殉者应该是乐舞人员;外藏椁东室车舆下的青年男子当属御夫;西室与陪葬坑三个殉者则是负责仓廪庖厨的下等奴婢。在鲁南、苏北地区发掘的东周贵族墓葬多有人殉,在相邻的高庄墓中也发现有殉者十四人。这一人殉现象足以说明在进入战国封建社会后,奴隶制残余依然存在,官府还有相当数量的官私奴隶。同时也说明越、楚大国在占据东夷部族后直至战国中晚之际,仍沿袭着东夷人在埋葬制度上的殉人风俗。此外,腰坑殉狗也是东夷人丧礼的特征之一。在外藏椁西室与陪葬坑发现的牛、羊、猪肢骨,均不见头骨。我们推测,这些家畜的头颅是否在治丧礼仪时已被割取,摆在供桌上以示祭典。牛、羊、猪古代专指"三牲"、孙诒让正义:"用谓共祭及膳。"《礼记·祭统》:"三牲之俎。"因此,该墓发现的动物骨骼正符合古代传统的"三牲"礼俗。

(五)木制马车问题。该墓又一重大发现就是外藏椁内随葬了一辆完整的木制马车,为迄今先秦考古中所仅存。其中的木质车舆构件保存较好,且有一定数量的雕刻木板、青铜饰件、骨雕饰件。从残留的漆绘构件来看,此车装饰华丽,制作精良,显示出车主人高贵至尊的地位。以所见的车辀、建鼓等组合,此车为一辆实用性独辀鼓车,是墓主人指挥作战的坐乘,也是外出礼仪身份的象征。根据实物保存情况,这辆鼓车的整体形制可以复原,为研究古代车制和建鼓增添了珍贵的实物资料。

附记:

此次发掘由南京博物院张敏先生领队,主要参与人员有孙玉军、王剑、李则斌、张金萍、王厚宇、尹增淮、陈锦惠、包立山、胡兵、谷玲、赵海涛等。期间,淮安市水警支队徐广波等15名干警昼夜守护,以确保考古发掘顺利进行。在整理报告中,江苏省文物局李民昌先生对人骨作初步鉴定;淮安市畜牧水产局刘承华、冯学尧二位先生对兽骨作种类鉴定。谨此一并致谢!

执笔者　尹增淮　王　剑

绘　图　裴安年　张　驰

1　淮阴市博物馆:《淮阴高庄战国墓》,《考古学报》1988年2期。

2　王厚宇:《试谈淮阴高庄墓的时代、国别、族属》,《考古》1991年8期。

3　湖北省荆州地区博物馆:《江陵雨台山楚墓》,文物出版社,1984年。

4、10　湖北省荆州地区博物馆:《江陵天星观1号楚墓》,《考古学报》1982年第1期。

5　尹增淮、包立山、王剑:《建国以来淮阴出土的先秦货币》,《东南文化》1991年第6期。

6　朱活:《先秦货币》,文化部文物局郑州培训中心印(1985年3月)。

7　中国社会科学院考古研究所:《中国考古学·两周卷》,中国社会科学出版社,2004年。

8　杨宽:《战国史》,上海人民出版社,1980年,257页。

9　彭浩:《楚墓葬制初论》,《中国考古学学会第二次年会论文集》,文物出版社,1980年。

11　湖北省文物考古研究所:《江陵望山沙冢楚墓》,文物出版社,1996年。

附录六

淮安运河村战国墓木雕鼓车的发掘和复制

王厚宇　　刘振永

摘要：淮安运河村战国墓的木雕鼓车为迄今先秦考古中所仅见，是国家一级文物。对它的发掘、研究和复制，不但是对该车的抢救和保护，也是运用现代科学技术，结合历史文献所进行的一次先秦鼓车的实验考古。通过发掘、研究和复制，基本查清了先秦鼓车的形制和结构，掌握了该车工艺和装饰特征，得到了一辆具有丰厚历史文化内涵的木雕鼓车展品。该课题是对中国古代车制研究的一个贡献，也为研究和展示中华文明和淮安悠久历史与文化提供了重要实物。

关键词：淮安；战国；木雕鼓车；发掘；复制

中图分类号：K231　　　　文献标识码：A　文章编号：1007-8444(2009)04-00542-05

淮安运河村战国墓木雕鼓车出土于2004年，是迄今江苏境内考古出土的第一辆先秦马车，亦是国内考古发掘中出土的第一辆木雕鼓车，它以木质构件保存较好和雕刻精美而闻名于世，在考古学和历史学的研究中具重要意义，是国家一级文物。在该车出土五周年之际，回顾它的出土和保护历程，总结该车的发掘复制经验，对于中国古车的发掘和研究，对于国家文物保护事业，对于探讨淮安地方历史和文化，无疑都具有深刻而深远的意义。

一　淮安运河村战国墓木雕鼓车出土概况

该车出土于2004年，是淮安运河村战国墓的随葬物。[1]经发掘，该墓是一座墓向为东的"甲"字形大墓，内有巨木构建的木椁、车马坑、陪葬棺和附葬坑。木椁是三层椁，内有用整木刳制的独木棺、陪葬棺和殉人多具。所出土文物具有楚文化、越文化、徐文化之特点，采用的是和鲁南东夷文化相近的殉人、殉狗腰坑和独木棺葬俗。因此，该墓是一座具有多元文化因素的战国中期墓葬，充分反映了多民族的交流和融合。从地理位置上讲，它坐落于明清时期的古运河之南，近现代之京杭大运河北岸，和市级文物保护单位韩信城遗址隔京杭大运河南北相望，地处中国历史上著名军事家韩信故里的中心地带，隶属清浦区清安乡运河村九组。其西北方四公里是秦汉淮阴故城遗址，有甘罗城、漂母墓等名胜古迹。正南方三公里是淮阴高庄战国墓的出土地，[2]出土了291件重要文物，其中的一套大型车舆铜饰件为迄今考古发掘所仅见,丰富和充实了古代青铜艺术。这里历史悠久,人文荟萃,古淮河、古泗水交汇于此,自古就是中国南北交通之要道,是著名的文化走廊。附近有高大封土墩多个,如武墩、普墩、尤墩、七里墩、清水墩、泰山墩等,而此墓就是其中的一个。据村民故老相传,该地原有一大一小的两个封土墩,原名龚家墩,又称公公墩,民间相传为某朝太监墓。1959年,因开挖京杭大运河,该墩被运河北堤所掩埋。因运河堤防是国家重点水利工程,严禁取土和施工,故逐渐淡出人们的视野。2004年7月,因京杭大运河航道两淮段升级改造工程施工,该墓在航道拓宽时被发现,沉睡了两千多年的巨大古墓重见天日。经国家文物局批准,淮安市博物馆在南京博物院的指导下,对其进行了抢救性发掘。该墓早期被盗,墓内文物被盗一空,仅有玉璜、陶杯、陶豆等零星器物出土。但车马坑内却有木雕鼓车一辆,出土了77件车舆文物,为迄今考古发掘中所仅见,实为先秦考古的重大发现,在中国车制研究中有重大价值。为此,特邀请南京博物院文物保护研究所,对其进行了现场保护。

该墓车马坑的发掘是在漆木器保护专家的指导下进行的,从出土之日起,木雕鼓车就受到文物保护专家的精心呵护和无微不至的照顾,这是其他考古发掘中所不曾有的优势和条件,真正做到了精心施工,科学发掘。发掘后,又立即进行脱水处理,实现了现代科学技术在考古发掘、文物保护中的运用和嫁接。由发掘得知,该车马坑是紧接木椁南壁之外侧用木材构建,是一座边长约3.6米的方形木椁。椁内有南北向木质隔梁,将此分成车坑和马坑。马坑在西,长3.6米,宽1.4米,内有殉人一具和马骨一具。车坑在东,长3.6米,宽2.2米,内有殉人二具、马车一辆。从葬式来看,该墓是采取车马合葬的形式,但从葬车来看,应是当时流行的拆车葬葬俗。

拆车葬是春秋战国时期车马随葬制度的葬式之一,曾广泛存在于中原和齐鲁等地。这在山东文化圈中表现得最充分,大都是车轮、车舆等主要构件身首分离。但该车之葬却与之有别,只是把青铜车器拆卸,而车还是采取整车下葬的形式。由发掘资料分析,在葬车之前,车坑先平铺厚约10厘米的碎木屑层。葬车之后,又用竹席将车坑覆盖。这些竹席皆是由宽约0.2厘米的竹丝编织而成,其精细程度达到无与伦比的程度。葬车时,先将车上的青铜车器取下,集中放置于一个由竹丝编织的竹包中,然后随车舆葬人车坑。车舆正南北摆放,车辀北向,但在车体倒塌时,车舆主体部分超过车轴一线,向车坑的北东方向偏移。出现如此偏移可能有两个原因,其一是车舆下葬时因其自身原因呈前低后高状,向前倾倒是必然的。此外,早期盗扰也是重要因素。盗墓者从椁室南壁盗洞进入车坑,自北向南扰乱,必然造成车舆构件北移。因此,车舆的左车轮、车厢板大幅度北移,而右车轮、轸、轴、辀等仍在原处。所幸在移动过程中,车舆构件并没受到大的破坏,虽经两千多年的侵蚀,大多数木质构件都形状规则,纹饰清晰,虽然有些朽烂断裂现象,但断口清楚,拼接起来较为方便,故能准确地测定其形状尺寸。经发掘,该车轮、轴、辀、舆、轸等木质车舆构件相对齐全,共有木质构件29件,青铜车器37件,骨质车器12件,正是一辆装饰精美的木雕鼓车。这是复原研究的重要依据,也是保护修复的基本文物。

二　淮安运河村战国墓木雕鼓车的复原研究

该车的车舆构件是迄今考古发掘中保存最好的木质构件,这是无数文物考古工作者梦寐以求的车舆实物资料。中国古代马车的考古与发现,基本与中国现代考古学同步发展。早在抗日战争之前,就在河南殷墟考古中发现殷商车的残迹。上世纪50年代,夏鼐先生等首先在河南辉县琉璃阁成功剥剔出东周马车,才使人们第一次目睹到相对完整的古车。[3]迄今为止,经考古发掘的商周车马坑约160余座,其中商代车马坑64座,西周至战国车马坑约100座,出土的马车也有近千辆之多。从现有资料来看,这些车舆多出土于我国北方,相对集中于晋、陕、豫、冀、鲁等省区。但由于北方气候干燥等地理环境因素,这些地区出土的车舆往往保存较差,其木质构件多已朽烂,或成为有形无物的灰土,或仅余朽蚀后的空洞,虽经小心剥剔、化学加固和石膏灌注成形,也只能知其大概,难以得到保存较好的车舆实物资料。故而对于细部特征了解不多,所提取的信息有限,只能根据木灰残痕和不同上色来决定车舆构件的尺寸大小。据此而复制的马车可能先天不足,在真实性和准确性方面难以保证。而南方虽然气候湿润,雨量充沛,江河密布,湖塘星列,山行陆处,人们以舟当车,以楫作马,故马车数量少,考古出土的马车也较之北方少得多,如江浙一带至今也未见马车出土,甚至长江之南都相当稀少。而淮安正处于中国南北方的过渡带,处于暖温带和亚热带的分界线上,是历史上的南船北马和辕楫交汇之地,亦可能是古代马车分布的南缘地区。正是这边缘地区却出土了迄今为止保存最好的古代马车。经发掘,该车出土于淮河下游的河湖地区,濒临里下河水网地带。因其独特的地理环境和埋藏条件,以及地下水位较高而使木质车舆构件保存较好。这不能不说是一大奇迹,在全国来说也是唯一的一辆保存较好的马车,其轮、轴、舆、辀、轭等车舆构件相对齐全,目前这些木质车舆构件都经过现代科技手段作了脱水处理。其木质坚硬,有固定的形状和尺寸,可以反复测量和检验,作为车舆文物和标本长期收藏和保存,是唯一的一辆可供实测的木雕鼓车。据此可以开展多方面研究,解决一些悬而未决的疑难问题,亦是模拟复制的基本依据,故在中国古代车制研究中具重大意义。因此,该车的复原研究一直是我们密切关注的问题,早在2004年,我们就把该课题上报江苏省文物局。2005年,该车的复原研究列入江苏省2005~2006年度文物科研课题,2007年,该车的保护和修复列入国家重点文物保护项目,并给予专项经费资助。

中国古车复原研究,特别是先秦马车的复原研究,一直是中国文物考古界的重要课题,许多学者都进行了探索和研究,也取得了先秦马车的复原经验和阶段性研究成果。如杨宝成先生复原的河南安阳郭家庄出土的殷商车,[4]张长寿先生复原的陕西长安张家坡井叔墓地出土的西周车,[5]渠川福先生复原的太原金胜晋国赵卿墓出土的春秋车,[6]袁仲一先生复原的秦始皇兵马俑坑出土的一号铜车和二号铜车都取得重要成果。[7]为了学习外地的先进经验,借鉴他们的复原成果,我们两度赴陕西、河南、甘肃、山东等地考察,与有关专家进行了座谈和交流。返回后再结合运河村战国墓木雕鼓车的具体情况,研究和制定复原方案。方案初步制定后又广泛征求专家意见。复原方案几上几下,逐步趋于完善和成熟。因此,淮安运河村战国墓木雕鼓车的复原不是闭门造车,也不是根据典籍文献而作的纯学术研究,而是在考古发掘的基础上,依据出土实物而进行的实践和探索。同时在此过程中,对全国各地进行了考察和调研,学习和借鉴了外地马车复原的成功经验,基本达到国内古车复原的先进水平,为中国先秦马车的复原提供了成功范例,是迄今为止第一辆成功模拟复制的木雕鼓车。因此,该方案具有较高的科学性和可行性,实现了考古资料和古代典籍的对接,2007年,该车的复原研究课题通过验收,得到了国内著名古车研究专家和文物保护专家的认可。

三、淮安运河村战国墓木雕鼓车的模拟复制

淮安运河村战国墓木雕鼓车的保护和修复是国家重点文物保护项目,模拟复制是其中的一项重要内容。为了给下一步的修复积累资料和经验,故首先开展模拟复制。该车的模拟复制是在复原研究的基础上,主要是根据出土构件来制作。但也不是机械地对出土实物的模仿和照搬,而是结合古籍记载和出土实物,对这些车舆构件进行考古学和文物学研究。这些木质车舆构件因在地下已埋藏了两千多年,长期经受挤压和侵蚀,不可避免地产生腐烂和变形。因此,在模拟复制时要充分考虑这种变化,对实测数据作出适当调垂和变通。同时我们又运用现代科技手段,对车舆构件和漆材进行科学鉴定和分析,为模拟复制提供了科学依据。通过鉴定和分析,我们得知该车之轮牙是由一长一短的两根槐木煣制而成,符合《荀子·劝学篇》中"木直中绳,煣以为轮,其曲中规,虽槁暴不复挺者,煣使之然也"的记述。其接口都是平口对接,不是现代学者所称的斜口对接或夹口榫接,⁸丰富和充实了古车工艺。该车的车幅是用麻栎制成,不同于《诗经》中"伐木檀檀"的记述。也由此说明此车是就地取材,因本地自古以来就没有檀木。其车辐和轮牙的联接采取的是通榫通孔的联接方法,亦不同于现代学者半榫半孔的论述。该车之车轱是用一根桑木煣制弯曲而成,这样的车轱也是首次发现,是最能体现古代车制工艺的车舆文物。该车之轴用榆木制成,轴上的伏兔是用槐木雕刻成蟠龙形,它张口吐舌,曲颈扬尾,雕刻精美,造型生动,是迄今考古出土的最精美伏兔。该伏兔和轴用木钉联成一体,上有函軨的凹槽和车轱咬合。这样形式的伏兔和秦始皇陵1号铜车上的伏兔形制一样,完全不同于日本学者林已奈夫和现代学者张长寿对伏兔的论述。⁹因此,该伏兔的出土和复制,从另一侧面佐证了秦始皇陵一号铜车伏兔的正确性,从而为解决这个多年未曾解决的疑难问题,提供了实物证据。该车之木雕板都是用樟木精心雕刻而成,其上的蟠螭纹若龙若蛇,相互缠绕,以四方连续的方式展开,为迄今为止考古发掘中所仅见,是国内唯一保存下来的战国木雕文物。在模拟复制中,我们聘请有丰富经验的雕刻工匠照原样复制,达到的惟妙惟肖、以假乱真的效果。该车之建

鼓。是用一整段橡木刳挖而成,我们参照出土实物进行了复制,达到了预期效果。该车之漆材,是用的天然生漆,佐以植物和矿物颜料。在模拟复制中,我们聘请扬州漆器厂的漆工,运用天然生漆和传统工艺,达到了非常好的效果。总之,在模拟复制中,我们都选取和原件同等材料,参照古代工艺,成功复制出先秦时期的木雕鼓车。同时,在复制过程中,也解决了一些悬而未决的疑难问题,在古代车制的研究中,做到有所发现有所发明有所创造。2009年5月,受国家文物局委托,江苏省文物局专门对此召开了验收会,验收合格。

四、淮安运河村战国墓木雕鼓车出土复原和复制的意义

(一)研究古代车制的重要实物资料

中国先秦时期的古车问题,一直是学术界的重要课题,几乎历代都有人穷经皓首,孜孜不倦地进行研究和注疏。但是,这些研究和注疏大多集中在《考工记》上,由于没有出土实物借鉴,故大多不得要领,歧误颇多。众所周知,《考工记》是春秋末期的齐人著作,是中国古代科学技术集大成者,其中的车制篇目所记多是东周时期的车制,和殷商乃至秦汉时期的马车都相差很多。东汉是中国古车演变的一个重要时期,随着车战的消亡,原流行于先秦时期的独轴马车也由双辕高辀的版舆乘车所代替。因此,以郑玄为代表的东汉末年的经学家已没有条件见到先秦时期的马车,故《考工记》的注疏中参照汉车。因此,他们笔下的周代古车,实际上就是《考工记》和汉代车的混合体——以汉车为蓝本,又强与《考工记》相穿凿。故他们所注疏的先秦马车,除独辀外,皆与汉画像石上的马车相像或相合。这种情况在中国文化史上延续很久,直到清儒戴震《考工记图》、阮元《考工记车制图解》都没有脱其窠臼,仍是这种独辀高辀的沙帽形马车。这种情况直到现代考古学在中国的兴起才有根本变化,迄今为止,已有近千辆先秦古车相继出土。但这些出土的古车因已成为灰土而失去其价值,不能作为实物例证或具体参照物。而淮安运河村战国墓的木雕鼓车因车舆构件保存较好正可弥补此不足,是研究古车的学者求之多年而不得的车舆实物。据此可以解决多年悬而未决的问题,在考古学和历史学,在中国古代车制的研究上有重要价值。

(二)研究古代美术史和雕塑史的重要资料

该车不仅在研究古代车制上具重要意义,亦是研究古代美术史和雕塑史的重要资料。如该车骨雕是装饰于车轹的骨质饰件。这些骨质饰件,皆条形管状,截面为"冂"形,器表浮雕变形云纹。有的还雕成兽面纹,上有耳、鼻、眼、角等器官。一般说来,考古出土的骨雕器相当稀少,雕刻如此精美的车器就更少见了。该车的木雕为迄今考古发掘中首次发现,其中又分圆雕、浮雕、阴线刻三种工艺,如车轴上的伏兔就是采用圆雕工艺精心制作。这两只伏兔,躯体呈蟠龙形,它张口吐舌,曲颈扬尾,反向匍匐于车轴之上,雕刻精美,造型生动,是迄今出土的最精美伏兔之一。浮雕是指车舆上安装的木雕板,其上刻有浮雕蟠螭纹

和变形云纹图案。这种蟠螭纹饰,若龙若蛇,相互缠绕,以四方连续的形式展开,构成了极其精美的浮雕艺术。蟠螭纹或称龙纹、交龙纹,是以蟠曲的龙为主要模拟对象,这种纹饰在春秋战国时期比较流行,是春秋战国时期青铜器的主题纹饰之一。但青铜器上的蟠螭纹是以印模法制作,故形体较小,繁缛精细。而木雕板上的蟠螭纹是由古代工匠手工雕刻而成,形体尺寸较大,自由奔放而又威严神秘。考古出土的蟠螭纹青铜器数量很多,但出土的蟠螭纹木雕板相当少见,保存如此完好的还是首次。变形云纹是云纹的组合. 它两排一组,或三排一组,以条带形式,施之于蟠螭纹四周。它和蟠螭纹相互配合,形成了极其精美的浮雕图案。阴线刻主要表现在木雕装饰板的口沿上,同时在车羚立柱上也有所表现,所刻的都是变形云纹图案。但这些变形云纹和浮雕云纹不同,好像是古代工匠即兴雕刻,故变化多端又不拘一格。这次出土的木雕板,大多同时采用了浮雕和阴线刻两种手法,故雕工精致,逼真生动,堪称一绝。不仅保存较好,且尺寸也大,实属先秦考古的重要发现,不仅是研究蟠螭纹起源和发展的重要资料,也是精美的木雕艺术品,是研究古代美术和木雕艺术的重要资料之一。

（三）在研究古代科技史和工艺史上有重大价值

该车不仅是研究古代车制的重要标本,在研究古代科技史和工艺史方面也是不可多得的实物资料。《考工记》云:"一器而工聚者,车为多。"可见造车需要多种工艺。《考工记》中记载的诸多造车工艺,在该车都有具体体现,从中可看出战国时期的车舆制作已达到相当的水准。如该车的轮、轴、辀、轸等主要构件,都是由一根木料煣制而成。这是中国传统工艺,亦和古籍记载相符。该车的装饰也是一大特色,其上不仅有众多雕刻精美的浮雕木板,还有一定数量的青铜饰件、骨质饰件、漆绘饰件,是迄今为止所出土的最豪华的精美车舆。该车集多种工艺于一身,除制车工艺外,还有木雕、骨雕、青铜铸造、髹漆漆绘、皮条捆扎、竹器编织等各种工艺,充分说明了古代手工业的高度发达,是研究古代手工业和装饰工艺的重要实物资料之一。因此,该车的出土和复制,不仅可以得到一辆装饰精美的战国马车,在研究古代科技史和装饰工艺史上亦有价值。

（四）该车是首次出土的木雕鼓车,填补了木雕鼓车出土的空白

该车不仅雕刻精美,而且还有与之配套的建鼓、鼓柱、鼓座。这在先秦车马坑中是首次发现,继而填补了鼓车出土的空白,在考古学上具重要意义。从有关资料来看,车舆用鼓在考古发掘中出土很少,仅在秦始皇陵一号俑坑中发现两处。但这两处都是立鼓而不是建鼓,而且保存较差,仅有木灰和三个鼓环而已。而该车建鼓不仅有鼓身,而且还有与之配套的鼓柱、鼓座,这些木质构件俱在,只是皮革鼓面因朽烂而不存,从而说明这是一辆木雕鼓车。一般说来,鼓车是礼仪之车,这在汉代画像石上有较多表现,如河南唐河画像石就有鼓车用于礼仪的图像。[10]但鼓车更多的是用于军事,是古代战争中将帅指挥作战的信号工具,故古代交战中双方必有鼓车,击鼓是将帅的职责之一。这在典籍中有大量记述,如《左传·庄公十年》记齐鲁长勺之战:"公将鼓之。"《公羊传·宣公十二年》记晋楚郯之战:"庄王鼓之,晋师大败。"《左传·成公二年》

记齐鲁龙之战:"齐侯亲鼓。"《左传·成公二年》记晋之伐齐,邵克将中军,"流血及屦,未绝鼓音";《左传·哀公二年》记晋郑铁之战后,主将赵鞅日:"吾伏搜流血,鼓音不衰。"故《诗·清水》郑笺:"兵车之法,将在鼓下,御者在左。"因此,该车的保护和修复,不仅有效保护了考古出土的木雕鼓车,也填补了先秦鼓车出土的空白。

(五)在考古学和地方史研究中亦有价值

该车不仅在中国古代史研究中意义重大,在考古学和地方史中亦有价值。前已述及,该墓和1978年发掘的淮阴高庄战国墓相距不远,二墓又同在战国时期,文化属性一定很近,有着不可分割的密切关系。二墓都出土了车舆铜饰件,互补和借鉴作用相当强。因此,该车的发掘和复制不仅可以为淮阴高庄墓的马车复原提供参考和借鉴,也有力地推动了淮安地方史、人文和风俗研究。它以无可辩驳的事实说明淮安早在战国时期就有着高度发达的制车工艺,有着精美绝伦的木雕艺术,有着和中原相似的车马制度,从而把淮安的历史上推到战国以前,是研究淮安地方历史和文化的重要实物。在复制的过程中,该课题还利用现代科学技术对该车木质构件和漆层进行了检测,经调查,这些木质构件和生漆都产自淮河流域,曾广泛分布于包括淮安在内的江淮地区,至今在本地偏僻山区还有所遗留,如盱眙铁山寺自然保护区就有上述树种和天然漆树存在.从而说明了古今环境的变迁,为研究当时淮安的植物种类和生态环境提供了资料。

1　谭正国等《运河村战国楚墓》,载《文明》2005年第5期。
2　淮阴市博物馆《淮阴高庄战国墓》,载《考古学报》1988年第2期。
3　《辉县发掘报告》,科学出版社,1956年。
4　杨宝成《殷代车子的发现与复原》,载《考古》1984年第6期。
5　张长寿等《殷周车制略说》《中国考古学研究》,文物出版社,1986年版。
6　山西省考古研究所等《太原晋国赵卿墓》,文物出版社,1996年。
7　秦始皇兵马俑博物馆《秦始皇陵铜车马发掘报告》,文物出版社,1998年。
8　张长寿等《井叔墓地所见西周轮舆》,载《考古学报》1994年第2期。
9　张长寿等《说伏兔与画軨》,载《考古》1980年第4期。
10　周到等《唐河针织厂汉画像石墓的发掘》,载《文物》1973年第6期。

后 记

运河村战国墓发掘至今已有八个年头了。在此期间，淮安市博物馆组织专业技术力量，认真做好出土文物的保护与研究工作。在文物保护方面，车马器、乐器架、彩绘木雕等一批珍贵文物送南京博物院进行特别保护处理；近70多立方的棺椁大型木构件在淮阴船厂设立文物保护工作站，进行了防腐、防霉、防虫的"三防"技术保护。本着科学、规范、细致的原则，对随葬器物进行逐件清洗整理。大量破碎陶器经过分辨、拼对、组合，复原成完整的器物；墓主人和11具殉葬者人骨架进行了性别、年龄的鉴定，按不同个体进行编号收藏，同时对动物骨骼也做了种类鉴别。在文物研究方面，完成了发掘报告的编写工作，对墓葬形制与结构、殉人与殉牲、出土遗物都做了真实的记述，并对墓葬年代、国别，墓主身份、殉人与殉牲、木雕鼓车等相关问题作了初步探讨。与南京博物院文物保护研究所合作，积极开展课题研究，依据出土实物，对木雕鼓车进行复原研究。被国家文物局列为重点文物保护项目。经过不懈的努力，整体马车的复原研制工作已全部完成，达到预期目标。通过了国家文物局专家组合格验收。该课题的学术成果是对中国古代车制科研的一个贡献，填补了东周鼓车复原的空白，成为淮安市博物馆历史藏品的镇馆之宝。此外，还对该墓的雕刻艺术及乐器支架复原等方面进行专题研究，拓宽了我们的研究思路。上述研究成果已在《考古》、《中国典籍与文化》等重要刊物上发表。

为展示运河村战国墓发掘与研究成果，淮安市博物馆结合《国家历史文化名城——淮安》大型陈列，重点复原陈列了墓葬的棺椁形制与木雕鼓车，成为基本陈列的亮点，起到了很好的宣传效果，得到各级领导与广大观众的好评。2008年1月，被江苏省文物局评选为"陈列展览精品奖"。为发挥历史文物的教育作用，还利用广播电视、考古讲座、旅游专题短片等活动，广泛宣传，促进了淮安战国历史文化的研究,为发展淮安运河文化的旅游事业增添了新的内容。基于运河村战国墓考古发掘、文物保护及学术研究取得的优异成绩,2010年8月被江苏省文物局评选为"江苏省田野考古优秀成果奖"。回顾这些年来的工作,我们要感谢中国文化遗产研究院资深专家胡继高先生,还有南京博物院奚三彩、张敏、张金萍三位研究员,他们为运河村战国墓出土文物保护与课题研究提出了许多宝贵意见,付出了辛劳。此外,还要感谢刘兆成、左桂彪二位淮安技工,他们在淮阴船厂文物保护工作站持守四年之久,为棺椁技术保护、陶器修复以及人骨、兽骨整理做了大量的工作。

本书编撰工作从2011年元月初开始,到3月底完成初稿。为了全面回顾运河村战国墓发掘情况,我们又把尘封多年的资料重新梳理、核对、充实、拓展新的内容,力求为研究者提供翔实的考古资料。由于我们学识孤陋,加上时间仓促,研究工作尚显薄弱,缺少历史文献与考古资料的佐证。其中错谬与草率之处一定很多,恳请读者批评指正。

编　者

2011年3月28日